Social Capital

社会関係資本

現代社会の人脈・信頼・コミュニティ

ジョン・フィールド＝著
佐藤智子／西塚孝平／松本奈々子＝訳
矢野裕俊＝解説

明石書店

はじめに

社会関係資本概念はいま、成熟期を迎えている。本著の前版までは、この考え方が新奇性という価値を持ちつつも、確立された概念的体系を得るには至っていない段階で刊行された。現在は、異なる理論的伝統を背景に持つ社会科学者たちの多くが、学問分野を超えて、この概念を利用し発展させている。少数ながらも、この概念への批判を主題とする卓越した専門書さえ存在する。

この成熟により、社会関係資本に関する研究は広範囲に普及した。もはや私には、社会関係資本に関する著作や論文のすべてを調査することが、大西洋を泳いで渡るよりも困難となった。ここで私がおこなったのは、特に重要であり、あるいは、広範囲に及ぶ傾向の好例であると判断した思考や議論の潮流を、要約し評価することである。つまり本書は、広範に及ぶ議論の一部を切り取ったものである。よって、もし先行研究をより深く掘り下げたいとの希望があれば、ぜひ他書をお読みいただきたい。本書の第1章で紹介しているように、パットナム、コールマン、ブルデュの著作を探索することからはじめるのが妥当だろう。彼らの著作は、今日もなお、この語の用い方を枠づけているからである。この第三版では、彼らの研究体系に基づきつつ、いくつかの文献について情報を更新するとともに、(民族的・宗教的な)多様性が私たちのコミュニティの結束に影響を与える方法や、オンラインのコミュニケーションが私たちの社会性に与えるインパクトについて触れる章を厚くした。

本書第三版を完成させることができたのは、私を支援してくれた多くの友人や同僚のおかげである。彼らの思考があればこそ、私は、社会的紐帯の広範に及ぶ重要性についての興味とアイディアを絶えず形づくることができた。私はまた、ケルン大学の客員教授として楽しくも刺激的な時間から恩恵を得ることができ、アクティブ・シティズンシップや成人学習に関する研究をして過ごした。とりわけ協力的で気さくな同僚たち、人々の生活スタイルや民族性における多様性など、多くの理由から、ケルンは本書の最新版を刊行するのに理想的な環境であった。

社会関係資本——現代社会の人脈・信頼・コミュニティ　◎　目次

凡例

●本書は、John Field, *Social Capital Third edition* (Key Ideas series), Routledge, 2017の全訳である。
●引用文において訳書のあるものは、訳書の記載に従った。
●訳注は、本文に（訳注１）（訳注２）…と付し、巻末に記載した。
●原著のReferencesについては、本文中で引用がなされた文献については参考文献として記載し、それ以外のものについては資料として記載した。
●索引は、原著の索引項目を参照したうえで、日本語版独自のものを作成した。

第1章　概念の起源

人間関係によって差が生み出される。デジタル時代においてなお、個人としても集団の一員としても、人とのつながりは私たちにとって重要であり、私たちはそれを維持するために日頃から多大な労力を割いている。個人として私たちが何者であるかは、少なからず、誰をどのように知っているのかによって定義されている。より視点を拡げれば、人々のあいだの結びつきは、大きな社会構造の構成要素にもなっている。

無論、これらの考え方は決して新しいものではない。それどころか、この考え方の起源は、社会学の理論から形づくられたものである。たとえばエミール・デュルケームは、人々の社会的紐帯がどのように社会を織り成す糸としての役割を果たしているのかに、特に関心を持っていた。デュルケームは、伝統的な階級と同質性に基づく親密圏を基盤とする前近代社会の「機械的連帯」と、彼の時代における流動的で複雑な都市型社会システムにおける「有機的連帯」とのあいだにある対照性を際立たせた。見知らぬ人同士の相互依存によって、現代社会は次のような状況にある。

……数限りない分子のたんなる並存という状態に分解されてしまうということはありえないのである。(中略)むしろ、社会の成員たちは、交換が実現されるだけの短い一瞬をはるかに超えた広い紐帯によって結ばれているのだ。

デュルケーム(Durkheim 1933: 227=2017: 377)

デュルケームがこの言葉を執筆して以降、私たちの社会は彼の想像をはるかに超えて変化した。私にとって、社会関係資本の考え方は、より流動的で多様な相互依存の世界における社会的紐帯の新たな価値に見合うものである。

社会関係資本の考え方の核心は、社会的ネットワークが価値ある資産だという点にある。当初、資本の一種として関係性を捉える考え方は、単なるメタファにすぎなかった。このメタファは、厳密に言えば、人脈によって増益が可能になることを示唆している。あらゆる他の形態の資本と同様に、物的であれ金銭的であれ、人はそれに投資することができ、同時に、その投資に対する正当な見返りを期待することもできる。ただし、この単純な翻訳は、過度に逐語的である。私たちは、社会的ネットワークに対応した会計上の賃借対照表を作成する野心的な試みにこだわるよりも、この用語を経済資本の緩やかなアナロジーとして理解したほうがよい。

当初、経済学者たちは主に、資本を物的・金銭的な観点から捉えていた。一九六〇年代になってはじめて、この概念は、人やその能力を含めるべく拡張された。セオドア・シュルツ(Schultz 1961)やベッカー(Becker 1964=1976)の功績により、人的資本の考え方は、経済学者が労働者の価値を計測するのに役立つひとつの道具となった。シュルツやベッカーにとって労働者は、生産に関わる他の要因と同様に、教育や保健などに投資した結果として生産性を上げたり下げたりする要因のひとつにすぎなかった。しかし依然として彼らは、人的資本を厳密な経済用語として捉えていた。つまり、その価値は計測可能であり、加算したり比較したりでき、インプットとアウトプットの関係性は直接的であって、価値の変動は共通貨幣の観点から説明が可能だというのである。

社会的接触は、共通分母に容易に通分することなどできない。友人関係や近所付き合いの見返りを計測するのは控えめに言っても難しく、私たちの紐帯への投資の量を見積ることも同様に困難である。社会関係資本に関する議論の多くは、経済学領域の外で、社会思想家・政治学者・教育学者・歴史学者のあいだでなされてきた。なぜ、そしてどのようにして、このメタファがこれほど広範な社会科学概念にまで発展したのだろうか。

三人の著者が素晴らしい業績を残している。ピエール・ブルデュ、ジェームズ・コールマン、そしてロバート・パットナムである。この著者たちは、社会関係資本に関する文献のなかでも代表的な三つの「相互に区別すべき支流」(Foley and Edwards 1999: 142) と称されている。そして以下に示すように、彼らのあいだには、たしかに重要な違いが存在する。ブルデュは、この用語をはじめて用いたわけではないものの、社会関係資本の体系的概念を生み出した最初の理論家だった。彼は、資源へのアクセスの不平等と権力維持装置に関する問題への関心を、マルクス主義と共有している。コールマンは、自らの利益を追求して合理的に行動する個人という考え方を研究の出発点としている。パットナムは、社会統合とウェルビーイングの基礎として市民活動やアソシエーションのアイディアを踏襲・発展させてきた。以上のような違いはあるが、三者に共通しているのは、社会関係資本が個人的な人脈と個人間の相互作用から構成され、これら個人間の接触に関わって一連の価値共有がなされると考えている点である。

ピエール・ブルデュ

ピエール・ブルデュは、時間をかけて、社会関係資本の概念にたどり着いた。彼はまさにヨーロッパの社会学者らしく、支配と特権の関係を分析することに興味を抱いていた。ブルデュは、エリート集団が社会構造における自らの地位を周囲に知らしめたり強化したりするために、文化的シンボルを差異化の道具として利用することを示した。彼は「文化資本」というメタファを用いながら、特定の文化的嗜好だけが他と比べてより高い地位の獲得に寄与するという事実を集団が利用するさまを描き出すことで、この見解をより強力なものにした。さらにブルデュは、人々が所有する文化資本が、彼らの持つ経済資本を単純に映し出すものではないという点を繰り返し強調している。家庭環境や修学によって形づくられる文化資本は、ある程度は金銭的豊かさから独立して機能し、個人や集団が権力や地位を追い求めるための戦略の一部として、金銭的不足を補うことさえある（Jenkins 1992）。

社会関係資本についてのブルデュの初期の著作は、社会秩序の多様な基盤に関する幅広い分析の一部だった。彼は意図的に「資本」という言葉を用い、人々が、利益を得るために金融取引をおこなうのと同じような「利己的」な方法で、自らの社会的紐帯と文化的嗜好を利用していたと主張した。人々は自らの趣味・嗜好や関係性についてこのようには考えないかもしれないが、ブルデュは、それらが（総じて彼が最上位にあると考えていた）経済資本と並ぶ資産として運用されていると論じた。社会関係資本と文化資本はいずれも、特定のグループの内部に連帯を構築するために利用することもできるし、同時に、エリート内のさまざまな下位グループのあいだに微妙な境界を形成するために利用することもできる。さらにこれらを組み合わせて運用し、新たな資本を生み出すこともできる（Bourdieu and Passeron 1977=1991）。

ブルデュは、これらの用語の扱いにかなりの幅を持たせているが、なかでも文化資本の概念に最も大きな関心を寄せている。フランスの中流階級の嗜好と差異化に関するブルデュの代表的研究においては、文化資本についての膨大な実証的指標が用いられたが、社会関係資本の指標としては、ビジネスを円滑に進めるために保有されているゴルフクラブの会員権という、たったひとつの指標を提供しただけだった（Bourdieu 1984: 219=1990:I 334-335）。彼は社会関係資本に関する考えを、控えめに「暫定的な覚書」（Bourdieu 1980）という題目を付した短編の素案として発表した。この概念は、社会的再生産に関する自身の研究において所々で用いられた。

一九七三年に初版された論考のなかで、ブルデュは、専門家集団に属する人々がどのようにして自らの地位（そして自らの子どもの地位）を確保しているかについて論じながら、社会関係資本をはじめて次のように定義した。

……社会関係の資本は、必要であれば、有用な「支持」、つまり社会的に重要な位置にある顧客を引きつけるのにしばしば不可欠となる名誉と尊敬の資本を提供するものであり、たとえば政治家としてのキャリアにおいては、通貨として通用し得るものである。

ブルデュ（Bourdieu 1977: 503）

彼は後に、以下のような定義に洗練させている。

社会関係資本は、実際ないし仮想の資源の総和であり、多かれ少なかれ制度化された人間関係、互いに面識があり挨拶し合う関係の持続的なネットワークを保有することによって、個人や集団にもたらされるものである。

ブルデュとヴァカン（Bourdieu and Wacquant 1992: 119）

同時にブルデュは、社会関係資本の価値を維持するために、人々は絶えず人脈を維持し更新していかなければならないと言及した。

社会関係資本に関するブルデュの考えを理解するためには、彼の主要な関心事が権力と支配についての理解にあったという点に留意する必要がある。彼は読者に向けて以下の点を強調している。すべての資本は「労働の累積」であり、その累積は「時間がかかるもの」である。従来の見方では、非物的な交換（芸術愛好、友情や結婚など）についてはとにかく「対象外」として扱うことで敬意を払うべきとされていたが、ブルデュはそれに異を唱えた（Bourdieu 1986: 241-242）。ブルデュは「暫定的な覚書」のなかで、社会関係資本の考え方が「社会的資産の原理」を理解するのに有益だと主張した。それは以下のように説明されている。

> 各個人は、ある集団（家族、エリート校の同窓生、会員制クラブ、貴族など）が保有する資本を代理で動員できる程度に応じて、多かれ少なかれ等価の（経済的ないし文化的な）資本から、きわめて不平等な見返りを得ることになる。
>
> ブルデュ（Bourdieu 1980: 2）

つまり社会関係資本は、「経済的な側面を隠蔽」させながら、きわめて効果的に、不平等を再生産するよう機能するという点で特徴的である（Bourdieu 1986: 253-254）。

資本量の違いによって「生活条件の階層」に種別され、これらの階層それぞれの内部には、「資本の総体が各種の資本間でどのような内訳になっているかという配分形式の違い」に基づいて「二次的な差異」と称するものが生じていることを発見した（Bourdieu 1984: 114=1990:I

178-179)。たとえば彼は、法曹や医者など専門家の例を引きながら、文化資本ないし経済資本と人脈との相互作用について説明した。彼ら専門家は、上流社会で顧客を獲得し、あるいは、政治の世界でうまくやっていくために、自らの「社交関係、名誉と尊敬」を活用している(Bourdieu 1984: 122=1990:I 185)。対照的に、自らの経歴のみに依存している人々は、人脈がないだけでなく文化資本も不足しているため、経歴の市場変動に関する知識に乏しく、「経歴デフレ」が生じてしまうときわめて脆弱だと指摘されている(Bourdieu 1984: 142=1990:I 217-218)。

ブルデュは、累積した労働の産物として資本を捉え、人脈には労力を要すると強調した。人脈の維持には、「個人的ないし集合的な投資戦略」が必要である。これは、近隣地域や職場や遠方の親戚などのように、おおよそ偶発的な関係性を、短期的、長期的に直接利用できる社会的関係性へと転化させていくためのものである。そしてこれは、彼が「持続的な主観的義務感」(Bourdieu 1980: 2; 1986: 249)と呼ぶものを創り出す能力に依存する。このようにネットワークへの投資には、「社会性の弛まぬ努力」(Bourdieu 1986: 250)が求められる。

ブルデュの限界

ブルデュは、現代社会学において最も影響力のある人物の一人である。彼の理論を、社会関係資本の概念に対する、理論的に最も説得的で一貫性のある社会学的アプローチだと言っても、さほど驚くことではない（Portes 1998; Fine 2000; Warde and Tampubolon 2002）。現代イギリスの社会階層に関して広範かつ野心的に青写真を描く際、多元的な資本に関する彼の著作は、数多くの研究者によって、最も顕著に、そして非常に生産的に引用されてきた（Savage et al. 2015=2019）。しかし、もしブルデュの貢献が疑う余地のないものであるならば、そこに欠点がないということもありえない。

特に問題なのは、ブルデュが社会関係資本をもっぱらエリートが保有する資源として焦点化している点である。感情の関わりについてブルデュが唯一説明したのは、これらが交換に持続性をもたらすということだけだった。彼は、同一の文化圏で同一のマナーを共有しているような場合であっても、人はお互いを他の誰かよりも好きになったり（愛したり）、嫌いになったり（嫌悪したり）するという単純な事実を認めていない。また、親戚関係や近親結婚の役割を誇張している。そして、彼が実際には行為主体性（agency）を認めることに関心を持っていたのにもかかわらず、一般に彼の理論は、どちらかといえば社会階層についての静的なモデルに依拠しているようにみえる。これは、後期近代の流動的、開放的で緩やかな社会関係を扱ううえでは不向きなものだった。クルーズやディナーパーティ、夜におこなわれる公演、上品なスポーツなどは、今日ではエリートの占有物ではなくなりつつある。よって昨今、ブルデュの理論を応用しようとするならば（Savage et al. 2015=2019のように）より広範囲の趣味・嗜好を調べなければならなくなっている。

　さらに、コールマンやパットナムと同様にブルデュもまた、社会関係資本を、少なくともそれを多く保有している人にとっては安全無害なものとして描いていた。ただし彼は、特に制度化された社会関係資本を代表する立場にある人々のあいだでは、社会関係資本が「横領・不正流用」される可能性を認めている。委譲される社会関係資本の例としては、家族を代表して発言する権限を有する「家父長」や、制度化された貴族階級の人脈から恩恵を得る貴族があげられる（Bourdieu 1986: 251）。しかしこれらは単に、経済資本からみた場合の横領犯と、社会関係資本において対になるものというだけにすぎない。不平等と権力に対するブルデュの関心が（後述するように）パットナムやコールマンの欠点を補う強みを持っている一方で、社会関係資本の保有者にとってのメリットだけを一面的に強調しているところは、決定的な弱点である。

　それでもなお、ブルデュは社会関係資本を単なるメタファから概念に昇華させた重要な功労者である。特に、社会関係資本の一般論理、およびその他の形態の資本との相互作用とその蓄積に関する彼の分析は正当なものであり、それは一九六〇年代のフランスにおける社会関係資本の基礎についてブルデュが示した特定のエビデンスとは無関係に成り立っている。コールマンがブルデュの貢献にほとんど注目しなかったのは特筆すべきだが、この十年間に社会関係資本の研究者のあいだでブルデュへの評価が着実に上がってきていることは心強い。

ジェームズ・コールマン

アメリカの著名な社会学者であるジェームズ・コールマンは、教育研究に多大な影響を与えてきた。コールマンは、アメリカのスラム街における教育達成度を調査し、社会関係資本が権力者だけのものではなく、貧困層や周縁化された地域にも真の利益をもたらすものであることを示した。コールマンによれば、社会関係資本がある種の資源となるのは、それが相互扶助を誘引し、個々人の範疇を超えて、信頼と共有価値に覆いつくされたより広域のネットワークに接続していくからである。

コールマンがこの概念の発展に与えた影響は、特に英語圏において広範囲に及んでいる。これは、コールマンが、それまで理論化されずに埋もれていた概念に明確さと学術的研究をもたらしたことが一因である。また、一九九五年に逝去するまで、コールマンが、アメリカで最も尊敬され、最も広く議論の対象となった社会理論家の一人であったという、社会科学における高い地位も影響している。ブルデュと同様、彼の研究は、その方法においてもテーマにおいても広範囲に及んでおり、賛否両論を集めてきた。コールマンの研究における社会関係資本は、社会秩序の基礎を明らかにしようとする壮大な試みのなかに位置づけられ、彼の晩年の記念碑的研究である『社会理論の基礎』(Coleman 1994=2004, 2006)のなかに最も劇的に現れている。

コールマンの目標は、経済学と社会学の両方を取り入れた学際的な社会科学を発展させることだった。とりわけコールマンに大きな影響を与えたのは、彼と同じくシカゴ大学に在籍していたゲイリー・ベッカーの研究だった。人的資本に関するベッカーの研究では、経済学の原理を教育・家族・健康・差別の研究に応用し、合理的選択理論の枠組みが用いられた（Becker 1964=1976）。コールマンは、現代社会学における合理的選択理論の台頭を牽引した立役者であり、この理論枠組のなかに社会関係資本の概念を位置づけようとしたのである。合理的選択理論（または合理的行動理論）では、古典経済学と同様、個人は自らの利益を最大化するために行動するという暗黙の前提を置いている。よってここでは、人はなぜ、目先の利益を選ばず、他者と協力するのかに疑問が残る。

社会関係資本の概念は、コールマンにとって、人々がどのようにして協力し合っているのかを説明する手段だった。これを説明するために合理的選択理論の論者が好んで使用するのは、ゲーム理論に基づく例示である。「囚人のジレンマ」として知られる心理ゲームでは、二人の個人が別々の監房に入れられ、先に自白したほうが有利な扱いを受けられると知らされる。このジレンマとは、有罪を証明する証拠がこれ以上存在せず、またもう一人も同様の行動を取るだろうと期待して黙秘を続けて罪を逃れるか、あるいは、先に自白して罰を軽減してもらうかの選択である。合理的選択理論では、第一の選択肢よりも第二の選択肢が選ばれることを予測する。なぜなら囚人は、自分と同様の選択を迫られた場合、相手も先に自白しようとする可能性が高いと認識するからである。

一般的に合理的選択理論では、個人は、他者に関係なく自らの利益を最大化しようとすると想定される。しかし実際は、大学の経済学部においてでさえ、人々は協力する。バーバラ・ミズタルが述べているように、合理的選択理論の論者は常に、協力が「個人主義と利己主義の公理」に合致するということを示す課題を突きつけられている（Misztal 2000: 109）。コールマンにとって、社会関係資本の概念はこの問題を解決に導くものである。その解決方法とは、古典経済理論における市場の「見えざる手」の役割に概ね適合するような方法で、協力を動機づけるというものである（Heinze and Strünck 2000: 179）。

社会関係資本に対するコールマンの関心は、学校での学業達成と社会的不平等との関連性を説明する試みに端を発している。一九六〇年代半ば、コールマンは、多様なエスニック集団間の教育機会と学業達成に関する大規模調査の指揮を任された。この調査は、議会で制定された法律によって規定され、アメリカ教育省の監督下で実施されたもので、「社会科学研究の分水嶺」と評されてきた（Heckman and Neal 1996: 84）。一般に「コールマン報告」として知られているこの研究では、学校自体の質に起因する要因よりも、家族やコミュニティによる環境要因の影響が上回っていることが確認された（Coleman et al. 1966）。

その後、コールマンは、私立学校と公立学校の学業達成を比較した一連の実証研究を主導した。コールマンとその共同研究者たちは当初、認知的学力スコアと家庭環境に関する詳細なデータを用いて、社会階層や民族性などの他の要因を考慮しても、宗教系学校の生徒のほうが成績が良い傾向にあることを明らかにした（Coleman et al. 1982）。その後の追跡的縦断研究では、カトリック系学校の生徒たちの成績に関する追加的エビデンスが得られたと同時に、彼らの欠席率と退学率がともに、同程度の環境や能力を持つ公立学校の生徒に比べて低い傾向にあることも示された。この調査結果では、子どもの認知的発達に対する家庭の影響がほとんどみられず、さらにこれは社会経済的・民族的に最も不利な条件にある生徒において特に顕著に表れていた（Hoffer et al. 1985; Coleman and Hoffer 1987）。

コールマンは、この事象を説明するうえで最も重要な要因は親や生徒に対するコミュニティの規範の影響であり、それは教師の意向を支持する方向に機能すると主張した。そして、コミュニティこそが社会関係資本の源であり、その社会関係資本は、社会的・経済的に不利な家庭環境の影響の一部を相殺し得るものだと結論づけた（Coleman and Hoffer 1987）。コールマンは当初、既存の理論モデルに適合しないような調査結果を説明するための「後づけ」概念として、社会関係資本を導入した（Baron et al. 2000: 6）。しかしその後、彼は、この概念の体系的なスケッチを提示することに移行した。社会学と経済学を統合したいという彼の意志を反映し、社会関係資本と人的資本の関係を主題とする数多くの論文に引用されることで、社会科学領域の研究者たちに多大な影響を与えてきたのである（Coleman 1988-1989）。

コールマンのアプローチは、人的資本の発達に対する社会関係資本の貢献を明らかにすることに主眼を置いていた。彼が後に述べたように、この二つの概念は対立するものではなく、相互に関連しながらも別の現象を示すものであり、彼は両者の関係を「しばしば相補的」なものと確信していた（Coleman 1994: 304=2004: 478）。この論文のなかで、社会関係資本は「自らの社会的関係を通じて利用できる有効な資源」と定義されている。それは「さまざまな実体」から成り立っており、コールマンが言うには、その「すべては社会構造の一部をなし、それが個人であれ組織であれ、構造内部の行為者の特定の行動を促進する」（Coleman 1988-1989: 98）。通常その所有権と収益が個人に帰属する人的資本や物的資本などの私的財とは異なり、コールマンは、社会関係資本を、その実現に関与した人だけでなく、その構造のなかに組み込まれているすべての人に生み出され、彼らに利益をもたらす公共財として描いている（Coleman 1988-1989: 116）。そのため、自己利益を追求する個人間であっても、相互の協力が必要だということである。

コールマンは、合理的選択社会学の一般理論を概観するという大きな試みの一環として、社会関係資本を最も広く定義した。彼は、それ以前に執筆した論文を参照しながら、社会関係資本を次のように定義した。

……家族関係やコミュニティ社会組織に内在する一連の資源であり、子どもや若者の認知的ないし社会的発達にとって有用な一連の資源である。これらの資源は人ごとに異なり、彼らの人的資本の発展に際して、子どもや思春期の若者に重要な利益となる。
コールマン（Coleman 1994: 300=2004: 472）

他に、子どもの成長という観点から社会関係資本を次のように定義した。

……子どもの成長にとって価値のある規範、社会的ネットワーク、そして大人と子どもの関係性である社会関係資本は、家族内だけでなく、家族の外、コミュニティにも存在している。
コールマン（Coleman 1990: 334）

社会関係資本は、信用を得るためだけでなく、認知能力の向上や健全な自己アイデンティティの成長にとっても有益である。

社会関係資本は、このような望ましい結果をどのように達成するのだろうか。忘れてはならないのは、コールマンの合理的選択社会学では、通常、個々人は自己利益を最大化するよう行動するという前提を置いている点である。つまり彼らが協力することを選択するのは、そうすることが彼ら自身の利益になるからである。合理的選択理論では自己利益を追い求めるのに忙しい、孤独で計算高い行為者を想定しているが、協力とは、その想定から逸脱した例外である。

コールマンの社会関係資本と人的資本に関する論文では、人間関係によって、資本となる資源が構成されることを示している。これは、行為者間で義務と期待がたしかなものとされるのを助け、社会環境の信頼性を構築し、情報の伝達経路を開放し、特定の行動様式を促す規範を設定する一方で、フリーライダーとなり得る者たちには制裁を課すことによって、成し遂げられる（Coleman 1988-1989: 102-104）。

さらに、社会関係資本の生成は、行為者ネットワーク間の「閉鎖性」（closure）、安定性、そして共有された共通イデオロギーの存在により促進される（Coleman 1994: 104-108, 318-320=2004: 168-174, 496-499）。コールマンによれば、閉鎖性、すなわち異なる行為者や制度のあいだの相互補強関係が存在することは、義務履行だけでなく、制裁賦課のためにも不可欠である。たとえば、若者が学校を無断欠席したり宿題を怠ったりすることがないよう、聖職者・近隣住民や親戚たちが、教師や親を手助けしていた事例があった。家族を超えた社会関係資本は、「大人が他人の子どもの活動に関心を持ち、介入をも厭わない状況において存立する」のである（Coleman 1990: 334）。

コールマンによる社会関係資本の定義は、個人と集団の両方を橋渡しするものであった。彼は社会関係資本を「個人にとっての主要な資産」と捉えていたが、しかしそれは「社会構造資源」によって構築されるものと考えていた（Coleman 1994: 302=2004: 474）。これらの資源が実際に活用できるかどうか判断する際は、「実際的な義務の大きさ」と「社会環境の信頼度」という二つの「決定的な」要素が影響すると、コールマンは確信していた。これらは、社会構造における次のような要素を含む変化に応じて形成されたものである。

……人々が援助に対して実際に持つニーズの違い、他の援助の源泉（政府の福祉サーヴィス）の存在、（他者からの援助の必要を減らす）裕福さの程度、社会的ネットワークの閉鎖の度合い、援助を与えたり求めたりする傾向の文化的差違、社会的な接触による後方支援活動等々である。

コールマン（Coleman 1994: 306=2004: 482）

コールマンはこれらの要因がすべてだとはみなしていなかった。とはいえ、これらは、たとえばネットワークの閉鎖性や相互扶助の文化的傾向など社会関係資本の発達に寄与する要因や、逆に、豊かさや福祉制度など社会関係資本を弱める働きをする要因の類型化が可能であることを示唆していた。

ただし、合理的選択の観点からすると、個人利益を合理的に追求しているはずの行為者が、なぜ社会関係資本の創出を選択するのかという根本問題を解決したことにはならない。コールマンはこの問題を、単純にそれを棄却することで解決した。つまり行為者は社会関係資本を創出しようと行動したのではない。社会関係資本の生成は、自己利益の追求によって生じた、意図せざる結果なのである。コールマンが言うには、社会関係資本は、行為者がそれに投資するという計算された選択によってではなく、「他の目的のための活動の副産物」として生じる（Coleman 1994: 312=2004: 489）。コールマンにとっては、このことが、意図的・目的的な選択の結果として生まれる人的資本や物的資本から、社会関係資本を区別すべき所以であった。ゆえに社会関係資本は、私的財というよりは、公共財だとされたのである（Coleman 1994: 312=2004: 489-490）。

コールマンの限界

コールマンは労を惜しまなかったが、それでも、合理的選択理論にしっかりと適合するまでに彼の定義を精錬させることはできなかった。彼の定義は、抽象的かつ機能主義的という域を出なかった。コールマンにとっての社会関係資本とは、次のとおりだった。

社会関係資本はその機能によって定義される。それは単一の実在ではなく、次の二つの属性を共有する、非常に多様な実在である。

（1）社会関係資本はすべて社会構造のある側面からなる。

（2）社会関係資本は構造内にいる個人にある種の行為を促す。

コールマン（Coleman 1994: 302=2004: 474-475）

たしかにこの定義は、機能主義的というだけでなく、「同語反復」であるとまでに非難されている（Lin 2001: 26=2008: 34）。しかし、少なくともコールマンは、社会的な結びつきがどのように帰結するかを明示している。

そこで疑問が生じるのは、どのような種類の社会関係資本が最も機能的なのかである。コールマンの見方では、家族は社会関係資本の揺りかごである。コールマンによる最も明快な社会関係資本の定義とは、「子どもや若者の認知的ないし社会的な発達にとって」（Coleman 1994: 300=2004: 472）、もしくは「子どもの成長にとって」（Coleman 1990: 334）の価値という言葉で表現されている。より根本的に、コールマンの枠組みにおいては、彼が「原初的な」社会組織と呼ぶ形態の最上位に位置づくものとしての家族に特権的な地位が与えられていた。家族は「血縁によって築かれた関係」に由来するという事実によって、他と区別されていた。彼はこれを「構築された」社会組織の形態と対比した。このような社会組織は、限定的な目的のためだけに集っている蓋然性が高く、家族のような原初的形態と比べると社会的統制への効果的な要素にはなりにくいというのである（Coleman 1991: 1-3）。

このことはコールマンに、家族やその他の原初的な組織が侵食されることで社会関係資本が蝕まれていくという、やや悲観的な考えを抱かせるようになった。子どもたちを社会化する一次的責任は、現代社会においては、学校をはじめとした「構築された」組織が担っており、これにより「社会が機能するうえで依存してきた社会関係資本」（Coleman 1991: 9）が損なわれている。ゆえにコールマンにとって、特に家族や一般的な意味での血縁関係は社会の要であり、率直に言って彼は、人為的な調整に依拠した社会的統制には悲観的な見方をしていた。

ただし、コールマンの理論枠組では、特定の「構築された」組織形態は、他の組織形態に比して、より社会関係資本を促進しやすいという可能性を認めていた。たとえば、機能的に「構築された」形態の典型例とは教会である。特に教会は、ネットワークの閉鎖性を促進することに成功した。コールマンはある論文のなかで、青少年に関する初期の実証研究に基づき、世代を超えた宗教的紐帯の性質に言及している。

> 宗教団体は、家族を超え、何世代にもわたって社会に存続した数少ない組織のひとつである。つまりそれは、大人のコミュニティの社会関係資本を子どもや若者が利用できる、希少な組織のひとつである。
>
> コールマン（Coleman 1990: 336）

しかし、宗教団体もまた衰退しつつある。彼らが発する理知的なメッセージは、人間の精神性について数多存在する説明のひとつにすぎないと受け止められるようになっている。

かつてテンニースは、ゲマインシャフト（原初的な連帯）が衰退してゲゼルシャフト（構築された連帯）に取って代わられたと嘆いたが、一見するとコールマンは、その考えを共有しているようにみえる。同時に彼は、教会や家族に対しては保守的な見方をしていたが、そのいずれもが現代の社会生活を支える中心的な役割を果たすものではなくなっている。原初的な組織形態についての彼の見解では、かつての欧米社会における家族と宗教について歴史家たちが示唆する評価を考慮に入れていない。つまり、過去に関する社会学的記述の多くがそうであるように、コールマンによる「伝統的」な社会形態と「近代的」ないし「ポストモダン」な社会形態との区分は、歴史的文脈を等閑視した説明になっているように映る。その結果、コールマンは閉鎖的で密な紐帯の役割を過大評価し、弱くて緩い紐帯の役割を過小評価するようになった（Portes 1998: 5）。さらに言うと、彼は歴史の影響を見落とすこともある。たとえば彼の一九六一年の研究では、第二次世界大戦が家族生活に与えた影響や（Morrow 1999）、アフリカ系アメリカ人の地位やアスピレーションに与えた影響にも、一切言及していない。

コールマンとブルデュ、両者による貢献を比較することは有意義である。当然ながら両者のあいだには明確な違いがある。ブルデュは社会関係資本をいくらか遠回しに扱っているが、要約すると、特権的な地位にある人々は、同様に特権的地位にある人々との人脈を利用して、自らの地位を維持するという命題に集約される。コールマンの見解はさらに示唆的で、個人、集団、特権階級、社会的不利益層の人々などを含むすべての行為者にとっての人脈の価値を認識している。一方で、コールマンの見解は無邪気に楽観的でもある。社会関係資本は、公共財として、完全なまでに善良な方向に機能する。一連の規範と制裁を提供することで個々人は相互利益のために協力するようになり、負の側面である「隘路」はほとんど存在しないとされている。他方でブルデュは、社会関係資本の概念を用いることで、広小路を歩く特権階級が存在する裏で、実際には隘路に追いやられる被抑圧者もいることを明らかにしている。

一方、両者には類似点もある。社会的相互作用とは、コールマンにとっては合理的選択へとつながるものであり、ブルデュにとっては文化的唯物論の基礎をなすものであるが、本質的には、両者ともそれを交換の形態とみなしている。また、どちらも、合理的な計算の範囲外にあるという理由により、感情に対して十分な注意を払っていない。つまり人々が相手を好きになったり大好きになったり、あるいは嫌いになったりして、付き合ったり、互いを避けたりするという事実が考慮されていない。さらには、ピョートル・シュトンプカが指摘しているように、合理的選択理論では「基本的な信頼」、つまり信頼の是非に対する個々人の性向や先入観が、一般的な意味においても、所与の人脈の具体的観点からも、無視されている（Sztompka 1999: 66）。同様に、マルクス主義の社会理論においても、人々が団結するのは自らの階級の共通利益を追求するためであって、お互いに交流を楽しむためではないという前提が置かれている。

最後に、合理的選択理論に依拠して経済理論と社会理論を統合しようとした人物としては皮肉であるが、コールマンは個人主義に対してもきわめて否定的である。たとえば彼は、社会的孤立は本質的に有害であり、機能的な原初的形態にはみられなかったと想定する傾向があるが、いずれの主張にもそれを支持する実際の議論やエビデンスを示していない（Linderberg 1996: 303）。彼の分析には明らかな矛盾もみられる。たとえば、人的資本の構築に対する社会関係資本の役割についての彼の説明では、論理的には次のように主張可能である。それは、個人の選択に委ねることは、スキルの分配を決定する方策として不適当だという見解である。このように、彼の説明には多くの弱点があり、そのなかには特に深刻なものもある。彼の強みは、社会関係資本を社会構造の起源に関するより広い理論に統合しようとした野心的な試みにある。具体的には、彼が、社会関係資本とは単に特権階級のみが持つ道具ではなく、社会的不利益層の集団にとっても資産となると認識していた点や、社会的ネットワークのメカニズムに関心を持っていた点があげられる。

ロバート・D・パットナム

ロバート・パットナムの社会関係資本研究が話題になってから二十年が経ったが、彼は今でも、この概念の提唱者として最も広く知れわたっている。アメリカのコミュニティが崩壊しつつあるという彼の中心的論説は、アメリカのコミュニティと民主主義のあり方に対する懸念が長きにわたって引き継がれていることを物語っている。彼はしばしば、アレクシ・ド・トクヴィルと比較される。トクヴィルは十九世紀フランスの思想家であり、一八三一年にアメリカを旅行し、市民組織が多様性の高い社会を接合するのにいかにして貢献しているかについての古典的声明を発表した。トクヴィルは当初、世界初の大規模民主主義国家の無秩序さに衝撃を受け、それが個人を原子化した社会だと危惧していた。しかし、旅するうち、アメリカの団体生活のなかに比類のない市民学習の場があることを発見し、見解を改めたのである。

> アメリカ人はその地位、精神、年齢を問わず、まさに政治的結社のなかで結社についての一般的な好みを身につけ、その活用に慣れていく。彼らはそこで多くの人と出会って、語り合い、話を聞き、そしてありとあらゆる企画に共同で熱中する。彼らは次いでこのようにして得た観念を市民生活に持ち込み、さまざまな用途に役立てるのである。
>
> ド・トクヴィル（De Tocqueville 1832: Book 2, Ch.VII=2008: 208）

パットナムが警鐘を鳴らしたのは、このような、アメリカ民主主義のトクヴィル的礎石が壊れつつあることに対してだった。

社会関係資本の議論に対するパットナムの初発の貢献は、イタリアの地方政府に関する研究であった（Putnam 1993a=2001）。パットナムはこの研究で主に制度論的なアプローチを採用し、イタリアの北部と南部における公共政策の行為者たちの相対的パフォーマンスに注目して、北部地域で比較的成功した制度的パフォーマンスは、政府と市民社会の相互関係によるものだと結論づけた。彼は、この有益な市民的美徳の起源を、おおよそ自律的で自己調整的な北部の都市国家における中世初期のギルドの活動にまで遡って説明した。一方で、南部でノルマン人による独裁政治がおこなわれた時代には、相互不信の文化と、制度の改革・改正に対する民衆の支持を阻害する恐怖とが長く蔓延したと捉えていた。

パットナムは、社会関係資本概念を用いて、このような市民参加における両者の相違点をさらに明確にした。彼の定義は明確かつ簡潔だった。

> ここで使用する社会関係資本は、調整された諸活動を活発にすることによって社会の効率性を改善できる、信頼、規範、ネットワークといった社会組織の特徴をいう。
>
> パットナム（Putnam 1993a: 167=2001: 206-207）

パットナムによれば、社会関係資本が集合的な活動に寄与する方法とは、離反の潜在的コストを増加させ、堅固な互恵主義規範を育み、各行為者の評判を含む情報の流通を促し、かつて成功した協働の試みを具現化し、将来的な協力のための模範として機能させることである（Putnam 1993a: 173=2001: 215）。しかし、仮に社会関係資本が民主主義的・市民的な生活の維持に寄与しているとすれば、それは「合唱団やサッカー・クラブの派生物」であって、計画されたものではない（Putnam 1993a: 176=2001: 219）。

パットナムは、イタリアの研究を公刊した後、故郷であるアメリカに視点を移した。彼の学術的なメッセージは、新聞見出しのような即効性を備えたスタイルと経済性のあるタイトルによって補強されており、迫力を持っていた。最も顕著な例は、最新の著書にも、それ以前の学術論文にも付されていたタイトル『孤独なボウリング』だろう（Putnam 1995, 2000=2006）。いくらか単純化しすぎだという代償を払っているとしても、孤独なボウラーという強烈なイメージは、ジャーナリズムの想像力をかき立てるものだった。パットナムがこのメタファを通して指摘したかったのは、アメリカ人が完全に孤独な状態でボウリングをしていたということではなく、（彼自身が少年時代にそうしていたような）編制されたリーグでチームを組んでプレーすることが少なくなり、家族や友人のグループでプレーする傾向にある点だった。ここではある種の団体活動のメタファとしてリーグ制ボウリングを用いており、見知らぬ者同士が日常的に頻繁に集まることで、一般的な互恵関係や信頼を育む価値観とネットワークが幅広く構築・維持され、相互の協働関係が促進されていた。アメリカの社会関係資本は長期的な衰退状態にあり、その崩壊を招いた主犯がテレビの台頭であった（Putnam 1993b=2003, 1995, 1996）。

一九九〇年代以降、パットナムによる社会関係資本の定義は、ほぼ変化しなかった。一九九六年に彼は次のように述べている。

……「社会関係資本」とは、ネットワーク、規範、信頼など、社会生活の特徴を意味し、共有された目的を追求するために、参加者がより効果的に行動することを可能にするものである。

パットナム（Putnam 1996: 66）

その後、パットナムは『孤独なボウリング』で次のように主張している。

……社会関係資本理論において中核となるアイディアは、社会的ネットワークが価値を持つ、ということにある。（中略）社会的接触も同じように、個人と集団の生産性に影響する。

パットナム（Putnam 2000: 18-19=2006: 14）

この「社会関係資本」の用語自体を、彼は次のように定義した。

……個人間のつながり、すなわち社会的ネットワーク、およびそこから生じる互酬性と信頼性の規範である。

パットナム（Putnam 2000: 19=2006: 14）

この定式は、社会的ネットワークから生じる規範の必須要素として（互酬性とともに）信頼を提示し、三つの主成分ではなく、ネットワークと規範という二つの主要な要素を残したという点で、先の定義を改良したものと思われる。

パットナムは、社会関係資本の基本形態として、橋渡し型（または包摂的）、結束型（または排他的）という二つの類型を紹介している。結束型社会関係資本は排他的なアイデンティティを強化し、同質性を維持する傾向があるのに対し、橋渡し型社会関係資本は、多様な背景を持つ人々を結びつける。それぞれの形態に適うニーズは異なっている。結束型社会関係資本は、「特定の互酬性を安定させ、連帯を動かしていく」のに適しており、強固な内集団の忠誠心と特有のアイデンティティを維持するための「社会学的な強力接着剤」として機能する。橋渡し型社会関係資本は「外部資源との連繋や、情報伝播において優れており」、「より広いアイデンティティや、互酬性を生み出す」ことのできる「社会学的な潤滑油」を提供する（Putnam 2000: 22-23=2006: 19-20）。

社会関係資本についてのパットナムの理論は、デュルケームの連帯概念と著しく類似している。「生産性」や「効果的」という言葉を使用していることから、合理的選択理論における計算高い個人の行為者モデルには依拠せず、社会関係資本を機能的なものとして捉えていることがわかる。パットナムは、コールマンとは異なり、有機的コミュニティ（ゲマインシャフト）と獲得された社会組織（ゲゼルシャフト）とを対比するテンニースの懐古的な分類を明白に否定した。それどころかパットナムは、イタリアで「市民度が最も低い地域は、伝統的な南部の村々にほかならない」と主張している（Putnam 1993a: 114=2001: 136）。

パットナムの輪郭を概念的に描写するのは難しいが、彼を折衷主義的思想家とみることができる。彼の研究には、アメリカの構造機能主義の伝統と、市民的共和主義の強い傾向が取り入れられている（Misztal 2000; Edwards 2013）。トクヴィルと同様、パットナムもまた、企業権力や政治的消極性に対抗する勢力としてボランティア活動や社会性をみる考え方に触発されている。ただしパットナムは、市民組織に向けたトクヴィルの熱意には共感しつつも、民主主義社会が専制主義に流されるかもしれないとするトクヴィルの懸念を否定している。パットナムが思い描くディストピア（暗黒郷）があるとすれば、それは、政治的無関心と他人への無配慮に特徴づけられる、テレビ愛好家たちの社会に違いない。そのような社会においては、犯罪や貧困に対処がなされず、長期的な経済的繁栄の見通しも立たない。

一方で、パットナムのアメリカ研究の核心は、実証の細部にわたるまで綿密に組み立てられている点にある。彼は、アメリカにおける社会関係資本の衰退を示す圧倒的なまでのエビデンスを提示し、二十世紀後半以降の社会的情勢に関する幅広い統計データを体系的に分析している。それらのデータは、選挙への参加や新聞購読から、慈善団体や労働組合などさまざまな全国組織の会員記録、さらにはその他の調査データや、自動車運転時に信号無視する頻度などの奇妙な情報にまで及んでいる（Putnam 2000: 415-424=2006: 514-530）。当然ながら、これらの情報の大半は本来、パットナムが投げかけた問いへの回答として収集されたものではなかった。しかし実際は、すべてのエビデンスが同じ方向を指し示していた。

エビデンスを積み重ねることによって一九六〇年代以降の衰退を示したという重みには、説得力がある。これは、政治参加、団体加入、宗教参加、ボランティア活動、慈善活動、仕事上の付き合い、インフォーマルな社会的ネットワークにも当てはまるようにみえる。これらすべてを詳細に検討したところ、多かれ少なかれ互いに足並みを揃えて減少していることが明らかになった。パットナムは、このような傾向を、一九六〇年代半ばのピーク時から低下しているアメリカ人の誠実性の認識（perceptions of honesty）や信頼性の調査データと関連づけている。さらに、このような態度変化のエビデンスは、犯罪の認知件数の急激な増加などの、行動変化に関するデータによって補足されている。パットナムは、いくつかの対抗的な潮流として、小規模自助グループや若者のボランティア活動の増加、インターネットやその他のテクノロジーを利用した新たなコミュニケーション方法の台頭などを指摘している。しかし最終的には、これらのエビデンスが「曖昧」で、決して「アメリカ人の大半が二十～三十年前と比べてコミュニティとのつながりを希薄化させていることを示す他の多くの動向を凌駕するものではない」と結論づけている（Putnam 2000: 180=2006: 218）。

パットナムは、この長い衰退の、考え得る要因を列挙している。彼は、家族構成の変化や福祉国家の発展といった要因の候補を否定している。これらの候補は保守的な思想家のあいだでは人気があるが、アメリカのデータに照らしても、他の国（特にスカンジナビア）の傾向に照らしても、妥当性は確認できない。また、社会関係資本の衰退原因が人種差別、特に人種が混在する都市から民族的に均質な郊外への「白人の郊外脱出」にあるというリベラル左派の主張にも賛同していない。この仮説は、「社会関係資本の衰退がすべての人種に影響している」ことや、あるいは、アメリカ社会が現在よりも分離され人種差別の強かった時代に成人した人々こそが、最も結束的な世代であるというエビデンスに照らしても、成立しない（Putnam 2000: 280=2006: 341-342）。しかしながら彼は、もうひとつのリベラルな考え方をあまり否定しない。つまり、市民参加の衰退を招いたのは大企業の力が大きくなったためであり、とりわけ、企業のグローバル化の傾向がビジネスリーダーたちの市民参加への関与を減少させたためだとするものである。ただし、これは衰退の一部を説明するのに有用かもしれない一方で、なぜグローバル化が「教会での会合出席や、友人とのポーカー」（Putnam 2000: 283=2006: 345）に影響を与えるのかについては理由を明示していない。

最終的にパットナムは四つの主因を指摘している。第一に、共働き家庭の忙しさと時間的プレッシャーが、特に女性の地域活動への参加を低下させている。しかし、就労のいかんにかかわらず、男性でも女性でもほとんど同じようにつながりや参加が減少しているため、パットナムはこれをひとつの寄与因子にすぎないと捉えている（Putnam 2000: 203=2006: 246）。第二に彼が指摘するのは、大都市圏の住民が、彼が「スプロールによる市民的ペナルティ」と呼ぶものに悩まされており、断片化した紐帯で構成されるネットワークのなかで、ただ移動することに時間を費やしているという点である（Putnam 2000: 215=2006: 260-261）。しかし、市民参加は小さな町や村でも低下していることから、パットナムは都市圏移動とスプロールも単なる寄与因子のひとつにすぎないと捉えている。残り二つの主な原因として、パットナムは、家庭での電子娯楽と世代交代を結論としている。パットナムのデータによると、テレビを長時間視聴している人は事実上市民生活から脱落しており、友人だけでなく家族と過ごす時間さえもほとんどなくなっている（Putnam 2000: 240-242=2006: 290-295）。最後に、パットナムは、世代間の教育水準の差を考慮したうえで比較すると、一九二〇年代に生まれた人々は、一九六〇年代に生まれた孫世代の二倍ほど市民組織に所属し、二倍の割合で投票し、約三倍の割合で新聞を読んでいることを見出した（Putnam 2000: 254=2006: 309）。戦争と戦後復興という「二十世紀半ばの世界的大変動」によって協力的な習慣や価値観を強いられたこの「著しく市民的な世代」は、今まさに消滅しつつあり、市民意識の低い下の世代に取って代わられつつある（Putnam 2000: 275=2006: 337）。

はたして、アメリカの社会関係資本が衰退していることは、問題なのだろうか。この問いに対してパットナムは、社会関係資本と、教育、経済発展、健康、幸福感、民主主義への関与などのウェルビーイング指標との関連性を調査することとした。彼は、社会的信頼や市民活動への参加度など、社会関係資本に関する十四種類の尺度をひとつの「社会関係資本指数」にまとめ、それを用いてアメリカ五十州それぞれの社会関係資本レベルをマッピングした。これを大まかにみると、社会関係資本は旧南部の中心に位置づくミシシッピ・デルタ地域で最も薄く、中西部で最も濃く広がっていることが示された（Putnam 2000: 290-293=2006: 355-359）。続いてパットナムは、ウェルビーイング指標を概観し、ミシシッピ、アラバマ、ルイジアナなどの州は相対的に結果が悪く、ミネソタ、アイオワ、バーモントのニューイングランドなどの州は良い結果だと示した。社会関係資本とウェルビーイングのあいだには強力な正の関連があるという結果に対するパットナムの確信は揺るぎないものであり、この大部な研究書の最終章を、社会関係資本を生成（あるいは再生）するための政策に関する議論に割いている。

パットナムの貢献はきわめて大きい。彼の学識は、エビデンスとなる多様な情報源に関する幅広い知識に依拠している。彼の広範に及ぶ知名度と影響力は、彼のアプローチが実際にコールマンやブルデュを凌ぐものであることを裏づけている。当然ながら、この注目度の高さは、称賛だけでなく批判をも集めてきた。彼のイタリア研究は政治学者のみならず歴史学者による精査の対象となり、アメリカの研究は常に論争の的となっている。パットナムの研究は、これらの批判にどれほど耐えてきたのだろうか。

パットナムの限界

第一に、一部の研究者は、パットナムの示したエビデンスが、彼の論説の重さに耐えられるかを問題にしてきた。初期の批評として、ひとりのアメリカ人研究者が、パットナムの参加指標はほとんど「時代遅れ」だと言及した。エルクス慈善保護会や赤十字などの組織は、古い都市文化や固定的な性別役割分業観と結びついているのに対して、青少年サッカークラブなどの新しい参加形態は、多忙で郊外化した生活様式に適応させているため、成長の途上にある(Lemann 1996: 25-26)。しかし、『孤独なボウリング』の出版以降、この批判はいくらか力を失ったかもしれない。パットナムは『孤独なボウリング』のなかで、青少年サッカークラブや一九七〇~八〇年代の新しい社会運動などの新しい組織形態を探究している。パットナムは、上述のとおりエビデンスが曖昧である点は認めているが、しかし精査の末、社会関係資本の全体的な衰退傾向は紛れもない事実だと主張している。たとえばNGO組織グリーンピースのような成長中の運動でさえ、この傾向が当てはまるように思われる。グリーンピースは、彼らが真っ先に取って代わろうとしていた「昔ながらの」支部や分会を基盤とする組織と異なり、個人への説得よりもむしろダイレクトメールで勧誘をおこない、成員の関与をほとんど要求せず、より単発的な支援形態を求め、支援者たちのあいだに長期にわたる個人的な紐帯を生成することも少ない（Putnam 2000: 158-160=2006: 186-190）。

もちろん、これはアメリカ例外主義のひとつの事例にすぎないかもしれない。アメリカにおける参加の衰退を示すパットナムのエビデンスは、活発さを示す西ヨーロッパのエビデンスとは対照的だと指摘する研究者も複数存在する（Hall 1999; Rothstein 2001; Li and Marsh 2008）。これは、余暇や世代交代の傾向においてヨーロッパ社会はアメリカとよく似ていることから、特に重要な意味を持つ。したがって、パットナムの診断が正しいのであれば、これらヨーロッパの社会でも同様に市民参加の衰退が観察されるはずである。スウェーデンやイギリスにおける社会関係資本の明白な回復を西ヨーロッパの典型だとみるならば、パットナムはアメリカの市民参加衰退についての説明を見直さなければならない。しかしそれでも、衰退したという彼の基礎診断を損ねるものにはならないはずである。

より根本的な批判としては、パットナムの採用した社会関係資本の定義が「やや循環的」あるいは「玉虫色」と非難されている点である（Misztal 2000: 121）。既述のとおり、彼の定義は非常に簡潔であり、『孤独なボウリング』では、ネットワークへの積極的な参加に明らかな重点が置かれている。「そこから生じる互酬性と信頼性の規範」（Putnam 2000: 19=2006: 14）の部分は、ここでは影響力の高い下位要因に格下げされている。しかし、パットナムの定義にはある程度の循環性があり、そのため、因果関係が逆方向に作用している可能性を多少なりとも考慮することなく、社会関係資本がもたらす特定の効果の大きさを過度に強調してきたかもしれない。一例をあげると、パットナムは分析データから低水準の社会関係資本が貧困の原因になると推論している。しかし貧困こそが人々のネットワークを貧しくするものであるという主張にも、少なくとも同程度の説得力がある（Portes and Vickstrom 2011）。

また、パットナムによる概念定義の曖昧さは、過度に美辞的な論調とも関連していると言われてきた（Portes 1998）。同じような意味で、ミズタルは、パットナムが「コミュニティの美化されたイメージ」を促進し、ネットワークが信頼だけでなく不信をも育むという点を看過していると考えていた（Misztal 2000: 121）。パットナムの懐旧は、ジェームズ・スチュワートが演じたフランク・キャプラ監督の『素晴らしき哉、人生！』の中心人物であるジョージ・ベイリーを引き合いに出す際に最も顕著に現れている。パットナムは、ベイリーを「公共心が尊ばれ、コミュニティがたしかに『機能』していた時」を代表する「市民的英雄」の一人として描いている（Putnam 2000: 287=2006: 351）。第二次世界大戦終戦直後に公開されたこの映画はコミュニティを見事に描写しているが、しかし一九四八年、興行的には失敗した。『素晴らしき哉、人生！』が名作としての地位を獲得するのは、もうしばらく後のことである。皮肉なことに、キャプラ監督が強調したかったのは、コミュニティへの参加の美徳を讃えることではなく、むしろ、企業の腐敗に対して孤高に闘う英雄的な個人の姿であった。

たしかにパットナムにはロマンチックな一面があるかもしれないが、にもかかわらず、今なお彼の理論は有力なものであり続けている。その理由のひとつは、『孤独なボウリング』をはじめとする彼の著作における分析の明快さ、詳細なエビデンス、広範囲の歴史的概観、そして疑いようのない発信者としての能力の高さなどにある。彼は、端的に言って「重大事件」を見極める目を持っている。学術的観点でみると、彼の研究は学際志向的で、政治学者、経済学者、歴史学者、社会学者などにアピールし、それぞれの領域における「大問題」を取り上げている。彼の研究は、コールマンやブルデュと並び、この議論に対しての中心的な貢献を果たしたのである。

社会関係資本の古典がもたらしたもの

社会関係資本を捉える三つの古典的な系譜を検討した後に、この概念の価値を検討することは妥当であろう。社会関係資本の考え方は、人々の関係性や行動を理解するのに役立つのだろうか。たしかに、この概念が分析的観点から何かしら新しいものをもたらしたのだとすれば、それは資源としての関係性とネットワークに焦点を当てている点にある。ブルデュは、社会関係資本を特権階級（特にフランスの貴族のような、金融資本や文化資本に乏しい人々）が、地位を得ようと画策する際に利用する資産であると考え、このアプローチをひとつの方向に進展させた。対照的にコールマンは、ブルデュと同様に社会関係資本を個人や家族に帰属する資産として重視しながらも、恵まれない人々が調達できる資源として社会関係資本を捉えている。パットナムは、社会関係資本を社会レベルで機能する資源とみなすことで、この概念を最も拡張させた。この特徴によってパットナムの理論は機能主義との非難に晒され、彼が社会関係資本の明るい側面を執拗に強調するに至った要因にもなっている。しかし、パットナムとコールマンが権力の不平等の問題を控えめに語る傾向があるとすれば（Hibbitt et al. 2001: 145）、ブルデュは不利益層にとっての社会関係資本の重要性を軽視する傾向がある。

なかには、このように資本という用語を用いること自体が不適切であるという論者もいる。たとえばジャン・コーエンはこの使用がまったくの誤りであると述べ、「直接的な対人関係と市場での経済的交換とのあいだの誤ったアナロジー」を指摘している。対人関係と信頼とは「その語意からして具体的かつ文脈依存的」なものである（Cohen 1999: 220-21）。ただ、これはおそらく、メタファの域を完全には脱していない概念に対する過度の期待である。特にコールマンは、社会関係資本の限定的な「代用性」として自らが描いたものに言及し、社会関係資本がある文脈では有益な資源であっても、他の文脈では無益となるか、あるいは有害にもなり得る可能性があると述べている（Coleman 1994: 302=2004: 475）。ただしコールマンは、これは人的資本や物的資本にも当てはまるとも指摘した。パットナムは同じ点についてより露骨に言及し、航空母艦と泡立て器はどちらも物的資本に計上されるかもしれないが、両者を交換してもあまり実用的ではないと述べている（Putnam 2000: 21=2006: 18）。

多くの団体活動が特にジェンダーによって分離されていることを考慮すれば、三人の論者たちの研究は「ジェンダーを等閑視している」と批判されかねない（Norris and Inglehart 2003）。フェミニストの批評家たちが言及しているように、市民参加の多くが高度にジェンダー化されている。コールマンは元々家族に対して保守的な考え方を持っており、それが彼の分析枠組に重大な帰結を及ぼしている（Blaxter and Hughes 2000）。一方でパットナムは、『孤独なボウリング』のなかで、社会関係資本の生成と衰退の要因としてジェンダーに特別な注意を払おうと努めていた。ただし彼の意見はどちらかというと印象論的で、組織や政治生活に参加する方法に関する男女間の違いを探究しようとする熱意はほとんどみられず、まして、そのなかでジェンダーによる権力関係がどのように作用しているのかについても言及していない（O'Neill and Gidengil 2006）。コールマンとブルデュは基本的にジェンダーを等閑視しており、女性の役割に対する見方は率直に言って保守的であった。誰の目から見てもジェンダー化されている実践のジェンダー的側面を探ろうとしないという、一般にみられる消極性が生じさせる明白な疑問は、これが概念の根本的な欠陥を反映しているものなのか、それとも単にこれら特定のアプローチの産物なのかという点である。

三人の創始者たちは、やや未分化な社会関係資本の概念を展開していると批判を受けるかもしれない。彼らのアプローチは、少なくとも三つの点で過度に同質的であると考えられる。第一に、総じて、社会関係資本がもたらす負の影響を軽視している。コールマンは社会関係資本をほとんど完全に善意に満ちたものとみなし、パットナムは「負の側面」を認めてはいるものの、その扱いはぞんざいなものである。明確に社会関係資本を特権階級の資産とみなしているブルデュでさえ、否定的な影響があるのは不利益層の人々に対してのみだと捉えている。社会関係資本の負の側面については、第3章でさらに検討する。第二に、土台となるアプローチがいくぶんか非歴史的である。ブルデュは、社会関係資本の概念を、一九六〇年代にフランスの学界でおこなわれた一連の実証研究と結びつけている点で、特に罪深い。コールマンとパットナムはたしかに経時的な変化を認めているが、それはかなり粗雑な形に留まっている。彼らは基本的に社会関係資本の量が時間によって増減する可能性を認めているが（主に彼らは減少を憂いている）、しかし、その構成要素や結果が変化し、すべての関係者に影響を及ぼす可能性には触れられていない。

最後に、この三者の基本的な定義は、異なる種類の社会関係資本を実際には区別していない。パットナムは、マイケル・ウールコックの定義を採用している。

●結束型社会関係資本――肉親、親友、隣人など、類似した境遇にある人々のあいだの紐帯を表す。

●橋渡し型社会関係資本――緩やかな友人関係や仕事仲間など、距離の離れた同種の人々の紐帯を含む。
●連結型社会関係資本――完全にコミュニティの外にいるような、異なる状況にある異質な人々と結びつけ、コミュニティ内で利用可能な範囲よりもはるかに広域の資源を活用可能にするものである。

ウールコック（Woolcock 2001: 13-14）

この分類の論理的帰結は、人はそれぞれに三種類の社会関係資本の異なる組み合わせを持っており、それが異なる結果をもたらしているということである。

二〇〇〇年に私は、三名の共著で、社会関係資本の概念には「青春時代の特徴」があると表現した。つまりこれは、散漫で未熟であるという意味である（Schuller et al. 2000: 35）。その後、社会関係資本概念は成長したのだろうか。私はそうだと確信している。社会科学者たちは、ブルデュ、コールマン、リン、パットナムらの理論枠組について頻繁に議論し、彼らの考え方を分析ツールの一部として日常的に使用している。ネットワークと（規範や信頼を含む）その特性が成員にとっては資源を構成する方法になるという社会関係資本の中核的な考え方は、学者や政策立案者に広く受け入れられている。人間関係やネットワークを理解するために他の方法を好む人たちでさえ、必ずと言っていいほど、社会関係資本の議論を参考にしている。また、この概念の有効性を激しく否定する少数ながらも活発な批評家たち（たとえば、Fine 2010を参照）の存在は、それ自体が、この概念の耐久性と影響力を証明している。要するに、この概念は社会科学の全域にわたって分析ツールとしての地位を確立しており、もはや無視することはできないのである。

第2章　人脈の力

研究者や思想家たちは、社会科学全般にわたって社会関係資本の考え方を検証し、応用してきた。本章では、社会学、政治学、経済学、保健学、社会福祉学、歴史学、教育学、そして犯罪学などのさまざまな分野で、社会関係資本が使用される際の方法に焦点を当てて、関係性が資源として有用であるという考え方を探究する。もちろん、社会的ネットワークとそれを支える規範が重要であるという考えは、目新しいものではない。イギリスの古い言葉に、「あなたが何を知っているかではなく、誰を知っているかだ」というものがある。社会関係資本概念がこの議論にもたらしたのは、結局のところ、私たちの関係性から生じる見返り（payoff）への関心だった。

社会関係資本がその所有者に具体的な見返りを与えるというアイディアには、当然ながら、エビデンスと照らし合わせて検証する余地がある。そのため本章では、この理論が実証的な精査にどれほど耐え得るのかを確認することを目的として、社会関係資本概念の影響を受けてきた研究の成果をレビューすることからはじめる。必然的に、対象とする範囲は選択的であるというのも、社会関係資本は広範囲で応用されており、研究が示すエビデンスの質もさまざまだからである。なお、市民参加の問題については第4章において後述する。本章では、教育、経済成長、保健（健康）、そして治安（犯罪）という四つのテーマに取り組む。さまざまな研究の成果をまとめると、一般的に、社会関係資本は理論家が主張しているようなことをだいたい実現しているようである。端的に言えば、他人を頼ることができる人はそうできない人に比べて健康的であり、幸福であり、裕福であり、さらに、子どもたちの学校での成績も良く、彼らの住む地域では反社会的行為による被害も少ないということである。ここではレビューしないが、社会関係資本と災害に関する報告書も増えつつあり、社会関係資本に緩衝効果があるかどうかを立証しはじめている。これまでのところ、市民組織と信頼の水準が高い地域は、実際に災害に直面した際のレジリエンスが高いと示唆されている（Elliott et al. 2010; Aldrich 2012=2015; Lindström and Giordano 2016）。

ここまで列挙した利点はどれも魅力的だが、この概念をめぐって提起されるであろう疑問のすべてには答えられていない。ゆえに本章では、概念が運用されてきた方法を他の側面からも検討する。特に、この概念の一貫性に対しての繰り返し疑問が示されてきた二つの論点に取り組む。まず、信頼は社会関係資本の不可欠な要素か、それともその副産物のひとつであるかを取り上げ、次に「資本」というメタファが人間関係の研究にどこまで適切であるかを考察する。

社会関係資本と教育

ブルデュとコールマンはともに教育社会学に影響を与えた人物である。この研究レビューでは、社会関係資本が教育に及ぼす影響から検討をはじめる。特にコールマンの研究は、社会関係資本の人的資本への貢献に関する独創的な論文であるというだけでなく、大規模な調査データの分析に基づいている点が注目された。既述のように、コールマンの研究はアメリカの中等学校に通う黒人の子どもたちの成績を調査した初期の研究（第1章参照）を引き継いだものであり、その結果がとりわけ予想外のものであったため、大きな注目を集めた。従来、社会学者は、社会的・経済的に恵まれた家庭の子どもたちは、不利な環境に置かれた子どもたちよりも一般に学業成績が良い傾向にあると予測してきた。そして通常は、そのとおりである。コールマンの研究は、この一般法則の例外を明らかにした。

コールマンの発見が予想外かつ論争的であったため、その研究が特に精査の対象とされてきた点は驚くに値しない。サンドラ・ディカとクスム・シンは、社会関係資本に関する教育研究のレビューで、一九九〇年から一九九五年のあいだにおこなわれた研究の多くが少数民族に焦点を当てたものであったと指摘している（Dika and Singh 2002: 36）。コールマン自身も多くの追跡調査を実施し（Coleman et al. 1982; Coleman and Hoffer 1987）、宗教系の学校が生徒の学力に与える影響を確認した。そのなかで、同じような背景と能力の水準にある生徒の中退率は、カトリック系学校のほうが大幅に低いことを実証した。

他の学者たちも異なるデータセットと方法を用いて、コールマンの主張を検証している。一般的にこれらの研究は、中退率と生徒の成績の両面からコールマンの調査結果を支持しており、カトリック系学校の教育による見返りは都市部のマイノリティにおいて特に顕著だと確認している。しかし、一部には、親の学校選択が子どもの成績に与える影響を考慮していないとして、コールマンを批判する声もある（Heckman and Neal 1996: 94-96）。したがって、コールマンの主張の検証を意図して設計された研究のエビデンスには問題がある。その調査結果はコールマンの結論とほぼ一致しているが、少なくとも部分的には、それが親の意思決定にも影響されている可能性を残している。つまりこれは、彼の調査データのサンプルには不注意な選択バイアスがかかっている可能性を示唆するものである。さらに、ディカとシンが指摘するように（Dika and Singh 2002: 37）、少数言語の習得自体を集合的な資源とみなした研究を含め、コールマンの社会関係資本の定義に厳密に従っていない研究もいくつか存在する（たとえばStanton-Salazar and Dornbusch 1995）。

その後の研究でも、おおよそ、社会関係資本が教育の成果と密接に関連していることが確認されている。ディカとシンは社会関係資本と教育成果の関連を検討した十四の研究をレビューしたが、その大半の研究では、両者のあいだに正の相関を見出している（Dika and Singh 2002: 41-43）。これらの研究は主に親の社会関係資本と子どもの学業成績の関連を検討したものであり、二つの社会関係資本指標（親の学校への関与、親による学習進捗管理）と成績のあいだに逆相関がみられたのはひとつだけで、残りはすべて正の相関を示していた。生徒自身の人脈に関する研究は少ないが、そこでも学業成績との正の相関が認められている。しかしディカとシンは、社会関係資本の多様な側面と学業成績との相互作用については、いまだ不明な点が多いと指摘し、さまざまな要因が「社会関係資本へのアクセスと流通」にどのように関連しているのかについて、さらなる研究を求めている（Dika and Singh 2002: 43）。

昨今の調査結果は、社会関係資本が、経済的および社会的な不利益に対抗し得ることを示し続けている（Ashtiani and Feliciano 2015）。より最近では、デンマークの二人の研究者が、祖父母が孫の教育的成功に及ぼす影響を調査し、祖父母の文化資本が生徒の学力に寄与する一方で、社会関係資本の影響は一世代しか続かないようだと結論づけている（Møllegaard and Jæger 2015）。

現在の研究が社会関係資本の重要性を堅固に裏づけているとすれば、同時にそれは、コールマンの概念化に対し、いくつかの重大な課題を提起することにもなる。教育学研究の課題を形成してきたのが、ブルデュではなくコールマンであったことは注目に値する。ただしコールマンは、家族を主軸として社会関係資本を捉えており、社会的統制が可能になる程度と同じように、若者の認知的発達における家族の役割を強調した。コールマンは、地理的な移動が家族の社会関係資本を壊し、子どもの教育に悪影響を及ぼすと主張した。しかし、親の経済的・社会的状況を考慮すれば、一般的に移住してきた若者は、学校で予想以上に良い成績を収めている（Stanton-Salazar and Dornbusch 1995; Lauglo 2000）。したがって、ここで示されたパターンは、コールマンとブルデュの双方の説明といくらか矛盾するものである。

コールマンのきわめて保守的な母親観を批判する研究者もいる（Morrow 1999）。とりわけコールマンは、母親の就労が、家庭の社会関係資本から子どもたちに供与される利益を減少させる可能性が高いと確信していた。ゆえに女性の就労率の上昇が社会関係資本の蓄積に長期的な損害を及ぼすかもしれないと懸念していた。全国縦断青少年調査のデータを使用して、このコールマンの確信を実証的に検証しようとした初期の試みでは、「母親の早期就労が子どもの成績に与える悪影響はごくわずかである」ことが明らかになった（Parcel and Menaghan 1994）。当然のことながら、コールマンの主張はさらに多くの研究を触発した。たとえば、母親が就労することで幅広い紐帯に接触でき、家族の社会関係資本がどれほど強化されるか、母親の就労形態によって効果が異なるかどうか、学校や地域に根ざした社会関係資本と家族に根ざした社会関係資本の相対的比重はどうか、そしてコールマンが決して考慮しなかった側面である、父親の家族内での役割変化が母親の家庭外での働きを補っているかどうか、などが研究されている（Dufur et al. 2013; Hsin and Felfe 2014; Parcel and Bixby 2015）。簡潔にまとめるならば、母親の就労はたしかに子どもの発達に負の影響を与える可能性があるが、その影響は比較的小さく、大部分は仕事の種類、労働時間、父親の貢献意欲や能力など、さまざまな要因に左右されると結論づけられる。

コールマンの研究には、単一種類の教育機関にのみ大きく焦点を当てているという批判もある。たとえば、彼は青少年の人間関係に大きな関心を寄せていたが、彼のおこなった社会関係資本と教育の研究は初等中等教育段階に限定されていた。彼は、フォーマルな教育制度より後の段階にはほとんど注意を払わず、職場などのインフォーマルな場での学習には見向きもしなかった。ブルデュは、フランスのエリート層で特権が再生産されるときのグランゼコール（grandes ecoles）の役割を考察してきたが、フランスの高等教育制度に関する彼の主要な研究は、社会関係資本が学生の地位に与える影響よりも、学術階層のなかで自らの相対的地位を向上させようとする学者の社会関係資本の展開に注目するものである（Bourdieu 1988=1997）。しかし、学校を離れた後、学校で得た社会的関係からもたらされる教育的優位性を享受しなくなると想定すべき理由はない（Field 2005=2011）。

また、教育が社会関係資本にどのような影響を与えるかについても研究されている。これは親密さ（proximity）がもたらす単純な結果でもある。学校での友人は共に成長し、同級生のうちの何人かとは何年間も連絡を取り合っている。しかし、生徒や学生のあいだの友情ネットワークに関する研究は、比較的少ない。スコットランド人の若者（大学生、継続教育機関の学生、フルタイム労働者、失業者）の社会的接触のパターンをグループ間で比較した調査結果では、「失業者と比較した場合、全日制教育を受けている学生には大きな優位性がある」ことが示された。とりわけ大学生（特に、実家から離れて暮らす学生）は、最も広範囲なネットワークにアクセスし、最も頻繁に連絡を取り合っていた（Emler and McNamara 1996: 127）。「同窓意識（old school tie）」[訳注1] メタファとして的確に要約されているように、エリートの教育進路とネットワークの成員構成とが関連することはよく知られている。ただし、これらが社会関係資本の観点から概念化されることはほとんどなかった。

概して、社会関係資本が人的資本に与える影響を検証する研究は今なお継続的におこなわれている。研究では、一般に社会関係資本の影響は、より高い水準の成果に結びつくという点で良性のものだと示唆されており、特に社会的に不利な環境で育った若者に当てはまるようである。ラウグロが述べているように、社会関係資本は、社会階層の低さと文化資本の弱さという不利を挽回する切り札となる（Lauglo 2000）。しかし、このパターンが、不利な状況にあるすべての形態に当てはまる一般的なものなのか、あるいは特定の文脈に大いに依存しているかどうかは、いまだ明らかになっていない。初等中等教育以降の教育についてのエビデンスの数はわずかだが、総じて良性の影響一辺倒の単純なモデルに疑問を投げかけている。また、教育と社会関係資本に関するエビデンスは関係の複雑さを示している。これは、コールマンの家族モデルが、彼自身が据えた概念の重みを担うには十分な強度を持たないことを示唆している。このような留保や見落としなどの問題があるにもかかわらず、人的資本と社会関係資本の連関は、「社会関係資本の文献において最も強固な経験的規則のひとつ」として正当に評価されてきた（Glaeser et al. 2002: 455）。

経済領域の人脈

教育と同様、経済行動における社会的ネットワークの役割についての文献も豊富に存在する。求職者にとって人脈が非常に有効な手段であることは長いあいだ知られてきたが、一九九〇年代以降になると、企業・研究者・政策立案者の密なネットワークが、イノベーションを可能にし、競争力を向上させる決定的な要因であるとみなされるようになった。これらを含めて類似した洞察は広く受け入れられているが、ロバート・パットナムはさらに踏み込んで、経済全体のパフォーマンスは、つながりの乏しい社会よりもつながりの豊富な社会のほうが優れていると主張した（Putnam 1993b=2003, 2000=2006）。その結果、経済的に成功するための社会的条件への関心は著しく再喚起された。

本節では、まず労働市場における社会関係資本の研究を検討し、次に企業業績への社会関係資本の影響を考察してから、最後に、マクロ経済のレベルからみたときに全般的に正の関係にあるというパットナムの野心的主張のエビデンスを、簡単に確認する。しかしまずは、人的資本という関連概念について軽く触れておくべきだろう。当初、この概念は、企業業績に対する労働者の貢献度に注目する方法として、一九六〇年代初頭に導入された。シュルツは、技能訓練などの適切な投資をおこなえば、労働者による貢献の潜在的価値が上昇すると提案した

（Schultz 1961）。著名な新古典派経済学者ゲイリー・ベッカー（Becker 1964=1976）の手によって、人的資本論は、さまざまな種類の投資（職務別訓練や一般教養教育など）の効果を測定し、雇用主、政府、および個々の労働者のあいだの収益分配率を計算するための道具となった。

ベッカーはコールマンと同じくシカゴ大学に在籍し、彼と一緒に一九八〇年代初期に合理的選択理論の応用に取り組んだ人物である。ベッカーはたしかに社会関係資本の概念を採用したが、コールマンよりもさらに個人主義的な枠組みにそれを位置づけていたため、彼の主張はほとんど無視されてきた（Fine and Green 2000: 82）。しかし、ベッカーの人的資本概念は、社会関係資本の概念が受容されるための重要な背景となっており、世界銀行のような屈指の機関がその概念を採用する際の基盤を整えたといえる。

一九七〇年代におこなわれた移住者と若年労働者の求職行動に関する初期の研究は、経済学者たちのあいだでなされた人的資本をめぐる広範な議論に対して、限定的な影響しか与えなかった。経済学者の多くは、資格と学歴をエンプロイアビリティ（就業能力）の源泉とみなす傾向があったからである。しかし、その他の親類が持つ人脈に支えられながらも、家族が就職活動で重要な役割を果たすということは、ほとんど驚くに値しない。工業化時代の大半の期間においては、家族の人脈が採用の基礎となっていた。重要なのは、ポスト工業化社会において、あるいはまったく異なる種類の社会においても、家族や友情のネットワークが、求職活動を支配し続けていることである。たとえば、ヨーロッパの一三四の地域のデータを調査した研究では、社会関係資本の水準が高い地域ほど失業率が低くなるという関連が示されているが、これは主に労働機会と労働者に関する情報がより効果的に利用できることによる結果である（Freitag and Kirchner 2011）。この研究は二〇〇八年の欧州金融危機の発生直前のデータを用いてはいるが、その後に求職行動が根本的に変化したとみなすべき明白な理由はない。

このパターンは、新卒者だけでなく、成人労働者にも当てはまるようである。トーマス・コルピは、スウェーデン人失業者の求職活動に関する研究で、ネットワークの規模が大きいほど就職先を見つける可能性が高くなり、その影響力は公的な職業斡旋機関をはるかに上回っていることを明らかにした（Korpi 2001: 166）。中国では、解雇された労働者が再就職する際、親族や親しい隣人で構成される社会関係資本を利用することが圧倒的に多い（Zhao 2002: 563-564）。ドイツのデータも同様に、さまざまな社会活動への参加が失業者の就職と正の相関があることを明らかにしている（Marek et al. 2015）。最後に、アギレラ（Aguilera 2002）は、友情ネットワークにより測定される社会関係資本が、労働市場への参加と正の相関を持っていたことを報告している。これは、人脈の広い人々は就職先を見つけやすいだけではなく、そもそも労働市場に積極的に参加している可能性が高いということを示唆している。

前述した報告のほとんどは、供給側、つまり求職者とそのネットワークに焦点を当てている。労働市場の需要側を調査した実証研究は比較的少なく、雇用主側からの視点はしばしば見落とされるか、当然視される傾向にある。しかし、アメリカのとあるコールセンターにおける採用パターンを詳細に分析した結果によると、ネットワークや人脈を活用することで、大きな経済利益をもたらすことが示されている（Fernandez et al. 2000）。この企業は、知人を紹介した従業員に報酬を支払うことにした。調査時の相場は、紹介による面接一件につき一〇ドルが与えられ、その人が採用されて三十日間以上勤務した場合には報酬が二五〇ドルにまで上がった。その結果、応募段階で不採用になる人も、面接で不採用となる人も、そして、内定を辞退する人も減少し、採用プロセスの大幅なコストダウンにつながった（Fernandez et al. 2000: 1347-1348）。

このことは、どのような種類の接点が求職活動にとって最も価値があるのかという疑問を提起している。グラノヴェターは、彼が「弱い紐帯」と呼んだものの価値を強調したことで有名である。「弱い紐帯」により、求職者は、より多様な機会について、より幅広い情報にアクセスできるようになる（Granovetter 1973）。しかし、この「弱い紐帯」の価値は、その人の職探しのために親密な人脈が払う大きな努力と相殺されるに違いない。コルピは、彼のサンプルのなかで、友人や親族にアプローチした人々としなかった人々とを対比し、強い紐帯を利用した人と弱い紐帯を利用した人とのあいだに、成果の面で明確な差を示すエビデンスはないと結論づけた（Korpi 2001: 167）。重要なことは、結束型社会関係資本は、橋渡し型社会関係資本（下記参照）と同様に、若年層の労働市場への参入や失業中の成人の就職を支援するうえで効果的だということである。

個人的な人脈と労働市場についての議論には蓄積があるが、社会関係資本が競争力に影響を与えるという考え方は、より最近のものである。労働市場研究においてそうであるように、これらの研究においても、社会関係資本の概念を使用しはじめたばかりである（Maskell et al. 1998）。それらは、パットナム（Putnam 1993a=2001, 1993b=2003, 2000: 319-325=2006: 391-400）やフランシス・フクヤマ（Fukuyama 1995=1996）によって、社会関係資本が経済に与える正の影響が主張されたことがきっかけとなっている。

長いあいだ、ビジネスを成功させるためにはネットワークが重要であると考えられてきた。特に創業期の段階では、人脈が、重要な情報資源となり、ビジネスチャンスを見極めて活用するうえで重要な役割を果たすと広く認知されている（Hendry et al. 1991: 16; Mulholland 1997: 703-706）。また、資金調達の機会や顧客基盤の獲得を助けることもできる（Jones et al. 1994: 197-200）（訳注2）。ネットワークは、一貫性のある安定した経営スタイルに寄与すると考えられており、特に建設業のような景気に左右される業種においては、企業が外部からの衝撃に耐えられるようにするうえでも不可欠である（Hendry et al. 1991: 17）。さらに、エリカ・ヘイズ・ジェイムズは、管理職の社会関係資本に関する研究のなかで、紐帯の強さが心理社会的サポートの資源として特に重要であり、困難な状況に陥ったときのレジリエンスを増進することを見出している（James 2000）。

近年、ビジネスイノベーションや知識交換を促進するうえで、ネットワークやクラスターが果たす役割に大きな関心が寄せられている（Le Bas et al. 1998）。知識とは悪名高く脆い商品であり、その売り手は、法的措置という高コストの選択肢を除けば、買い手の悪徳な行動から保護されることが滅多にない。したがって知識は、自由に交換されることよりも、業績のために最適であることのほうが重視される。起業家間の信頼関係は、これらのリスクを補い、さまざまな取引コスト（特許保護の法的コストはもちろんのこと、関連する技法や科学技術を特定するための調査コスト、および他人の行動を監視するのに費やす時間など）を削減するのに役立つ。北欧の小規模経済圏が予想外に成功したことは、このような信頼に基づく関係の深さと広さによって説明できるとされてきた。北欧の経済圏は、高い人件費とグローバル化市場での競争力を兼ね備えているようにみえる（Maskell et al. 1998）。同様の知見は、タンザニアの農家（Narayan and Pritchett 1999）からアメリカの企業（Chisholm and Nielson 2009）まで、他の文脈でも存在する。そして、経営の研究者であれば、これらの紐帯に値段をつけることができる。ある研究では、シドニーの競合ホテルのマネージャー間の友情が、約二十六万八千オーストラリアドルの年間収益に貢献したと推定されている（Ingram and Roberts 2000: 417）。

イノベーションの交流は、商品やサービスの取引のような企業間のより確立された活動と同様に、お互いを信頼する人々の安定したネットワークの存在によって促進されていると考えられる。このような信頼の規範は、まず、法的拘束力のある契約や訴訟など、時間もお金もかかる正式なメカニズムや手続きだけに依存することなく、企業同士の取引を可能にするという点で価値がある。さらに、関連知識の多くは本来、本質的に応用的だと思われる。それは、抽象的な科学（対象についての知）だけでなく、埋め込まれた状況において（方法についての知）、実在するがほぼ暗黙の専門知識（主体についての知）を開発している人々によってなされる応用にも関係している（Maskell 2000）。さらに、グラノヴェターの「弱い紐帯」の概念を発展させた重要な論稿のなかで、ロナルド・バートは、彼が「構造的間隙」と呼ぶものの重要性、つまりネットワークのなかにきわめて重要な隙間があることを強調した。ネットワークにこのような間隙が存在する場合、グループ間を仲介する人々は、情報やアイディアにアクセスするのを可能にするうえできわめて重要な役割を果たすことになる（Burt 1992=2006）。そのため、組織内や組織間のネットワーキングは複雑なプロセスであり、その結果は決して予測可能でもなければ一本道でもなく、起業家のなかにはそれを無駄な時間とみなす人もいる（Brink and Svendsen 2013）。

最後に、「信頼と社会的ネットワークが栄えている場所においては、個人、企業、近隣地域、そして国家さえも繁栄する」というパットナムの主張（Putnam 2000: 319=2006: 391）についてはどうだろうか。マクロレベルでは、エビデンスは、決定的というよりも示唆的であるようにみえる。パットナムは、イタリアの民主主義に関する初期の研究から、市民参加と経済的繁栄とのあいだには長期的な関連性があり、それは協力の習慣と信頼規範の発達に起因すると結論づけている。ナックとキーファー（Knack and Keefer 1997）は、世界価値観調査（World Values Survey）のデータを用いて、他の要因を統制した場合でも、一般的な対人信頼と経済成長に正の相関があることを示した。しかし、彼らの研究では、経済成長率と市民組織の会員数とのあいだに相関は認められなかった。ポール・ホワイトリーは、三十四か国を対象に実施された世界価値観調査に基づいて、各国の経済成長率と広範に及ぶ社会関係資本指標を比較し、少なくとも人的資本と成長率のあいだには強い関連性があることを明らかにしている（Whiteley 2000）。この研究からは、なぜこのような強い関連性があるのかを考察する手がかりを得られないが、この点はナラヤンとプリチェットの詳細な研究で裏づけられている。彼らは、タンザニアの農村に関する研究で、村レベルでの社会関係資本の変化は、人的資本や物的資産の同等の変化よりも所得レベルに大きな影響を与えていると推定した（Narayan and Pritchett 1999: 274）。加えて、社会的信頼と強力なネットワークは、劇的な景気後退の影響を緩和するのに役立つという指摘もある（Aldrich 2012=2015）。

マクロレベルでは、社会関係資本と経済成長のあいだの明確な関連はいまだ証明されていない。経済協力開発機構（ＯＥＣＤ）が指摘しているように、問題の一部は、このマクロレベルでの分析におけるエビデンスの質にある。

> 人的資本の場合と同様に、（社会関係資本の）エビデンスは、代用指標の質と幅、異なる条件要因のあいだの相関関係の複雑さ、そして大きく異なる文化的・制度的・歴史的伝統を持つ諸国を比較することの困難性に基づく影響を受ける。
>
> 経済協力開発機構（OECD 2001b: 61）

また、その関係がどのように機能するかについても不明である。たとえば、最近のある研究では、信頼と経済成長のあいだ、市民組織活動と信頼のあいだに、一貫した正の関係があることが示されており、その効果を理解するには、このレベルで社会関係資本の異なる次元を解析する必要があると提案された（Gupta 2015）。仮に社会関係資本と経済成長の関連を理解するのにはまだ程遠いとしても、関係の持つ可能性、あるいは蓋然性は、決して無視できないのである。

経済学者は、意思決定を個人のプロセスとして扱うことが多く、個々の行動や選択がより広い社会的文脈にどのように埋め込まれているかにはほとんど注意を払わない傾向がある。ネットワークや信頼といった概念はあまりにも曖昧で、整った定式に移入することができない。そのため、人々がこれらの意味をどう理解するかはその文脈に依存することが多く、主流派の経済学者は取り扱いに窮している。サンジャイ・ラルが指摘するように、新古典派の経済理論は、完全競争のパラダイムに立脚しており、「広範囲かつ拡散した外部性や不明瞭な学習現象を扱うことを敬遠している」のである（Lall 2000: 14）。社会関係資本はこれらの議論においては比較的新規性が高い概念であるが、一時期は世界銀行やＯＥＣＤに採用され、経済学者間での議論を喚起したことで、経済の仕組みを理解するうえで社会関係が重要であることが再認識されるようになった。

健康とウェルビーイングに対する効果

社会的結束と健康が関連しているという考え方は、少なくとも一世紀以上前からある。デュルケームは十九世紀後半の著作で、自殺率と社会的統合の水準を関連づけることに成功した。健康水準と社会的紐帯のより一般的な関連性を示すエビデンスは、一九七〇年代後半から十分に確立されており、強い社会的ネットワークを持つ人々の死亡率は、社会的紐帯が弱い人々の半分、もしくは三分の一であることが示されている（Whitehead and Diderichsen 2001）。パットナム（Putnam 2000=2006）は、年齢や収入などの他の特性、さらには喫煙や運動などの行動パターンを統制した研究などの多くを利用し、この関連を一般的に立証した。さらにパットナムは、州レベルで、さまざまな健康指標と自らの開発した社会関係資本指数のあいだに非常に明確な正の相関を示し、社会関係資本指数と死亡率のあいだに強い負の相関があることも確認した（Putnam 2000: 328-331=2006: 403-407）。

サラ・フェルランダーは、二〇〇七年に発表した研究のレビューで、健康についての社会関係資本研究は十分に成熟しており、今後の研究は、社会関係資本の多様な形態の探究に進むべきだと論じている。それは、それぞれの社会関係資本が異なる資源と義務を暗示している可能性があるためであり、特に彼女は、結束型と橋渡し型の紐帯が健康にもたらす効果を研究することを研究者たちに求めた（Ferlander 2007）。たしかに、社会関係資本と健康のあいだの一般的な正の関係は、今では十分に確証されているようである。社会関係資本と健康に関するマルチレベルの疫学研究のレビューでは、さまざまな研究方法を用いて、まったく異なる集団について検証しているが、「地区・職場での社会関係資本と個人の社会関係資本の両方が、一般的に健康に正の効果をもたらすようである」と結論づけている（Murayama et al. 2012: 184）。

このような関連性がどのように作用するかは、また別の問題である。パットナムは、社会関係資本と健康との因果関係を強く確信し、主に四つの理由があると推測している。第一に、社会的ネットワークは、具体的な物的支援を提供することができ、それによってストレスが軽減される。第二に、健康的な規範を強化することができる。第三に、医療サービスのために、より効果的にロビー活動をおこなうことができる。そして最後に、相互交流が実際に身体の免疫システムを刺激する可能性がある（Putnam 2000: 327=2006: 402）。周知のように、パットナムは、アメリカの社会関係資本の明らかな低下によって生じ得る結果に警鐘を鳴らしている。しかし、他の研究者は、現在までのところ、これらの関連性を裏づける正確な理由が明示されていないと述べている（Macinko and Starfield 2001; Ferlander 2007）。

ひとつ可能性をあげるとすれば、パットナムの予想どおり、人脈のある人ほど医療サービスのためのロビー活動に長けているようである。しかし、これは、コミュニケーション力や説明責任のメカニズムが優れていることとも関連している。つまり、つながりの強いコミュニティに住む人々は、地元の医療サービスに影響を与えやすい立場にあり、医療サービスについて情報を熟知し、それらにアクセスできる可能性も高いのである（Hendryx et al. 2002）。『平等社会』で、ウィルキンソンとピケットは、社会経済的不平等（人脈の不平等を含む）が不健康の原因となることを示す幅広い研究をレビューしている（Wilkinson and Pickett 2009=2010）。もちろん、他の分野と同様に、社会関係資本だけでは十分ではない。ネットワークの充実したコミュニティほど繁栄しており、所得格差は健康水準に悪影響を及ぼすという傾向がある。そのため、社会関係資本が重要な変数であることが判明した場合、それはしばしば他の因子と組み合わされる（Cooper et al. 1999）。社会関係資本と健康格差についての研究のレビューでは、第一に両者は互いに関連しており、第二に、社会関係資本そのものが、低い社会経済的地位が健康に与える負の影響を和らげる場合があると結論づけた（Uphoff et al. 2013）。このことから、健康に関しては、社会階層の上位から下位までの異なるグループ間の垂直的な紐帯が決定的な要因である可能性が高いという仮説が導かれる（Whitehead and Diderichsen 2001）。

健康と社会関係資本の研究は、方法論的にもかなり重要な課題を提起している。特に、ホワイトヘッドとディデリッヒセンは、母集団全体を射程に含めるべく、どこまで個々の調査結果を一般化できるかを問うている。たとえば、個人レベルでは、健康と社会的関係のあいだに密接な関連があることが以前から知られている。強い社会的ネットワークを有する人々の死亡率は著しく低く、支え合う関係が欠如すると冠動脈疾患やうつ病につながる（Whitehead and

Diderichsen 2001）。しかし、このような個人間の差異に依拠して、研究者がたとえば国レベルの人口全体について推定することが許容されるのかについては、明らかではない。ホワイトヘッドとディデリッヒセンは、信頼や統制についての心理的認識は、政府の政策や居住区域の分離などの社会環境の特徴とは慎重に区別されるべきだと主張している。これらの方法論的な問いの重要性を受容するとしても、やはり社会関係資本は重要であり、健康に対して広く正の効果を持つことはエビデンスが裏づけている。

犯罪と逸脱

社会的混乱は長いあいだ、犯罪の原因として指摘されてきた。現代の社会学に社会関係資本の概念を導入したことでよく知られているジェーン・ジェイコブスは、この用語を用いて、ある都市が他の都市よりも安全な場所である理由を説明した（Jacobs 1961=2010）。すでに述べたように、コールマンの初期の研究では、仲間の意見が青少年に及ぼす負の影響を探究した。このときから四十年が経過し、青少年の非行に対する社会的な影響の役割は、今では非常によく知られている（Haynie 2001）。パットナムは、州レベルでの凶悪犯罪と社会関係資本指数のあいだに強い負の相関を見出し、「他の条件が同じならば、社会関係資本のレベルの高さが、犯罪レベルの低さに変換される」と主張した（Putnam 2000: 308=2006: 376）。それ以来、多くの研究がパットナムの見解を支持してきた。

社会関係資本が犯罪を減らすことができるという見解が研究によって支持されている分野のひとつに、殺人がある。殺人は見過ごされる可能性が低いため、研究者の立場からすると、殺人のレベルはかなり正確に作出することができる。アメリカ全域の九十九地区を対象とした研究では、経済的困窮、離婚率、南部という立地も深刻な要因であったが、社会関係資本は「他の予測因子を差し引いても、殺人率に有意な効果があった」一方で、失業率と年齢構成は影響を与えなかったと報告している（Rosenfeld et al. 2001: 294）。彼らは、殺人率は、インフォーマルな社会的統制が弱く、法執行機関のようなフォーマルな外部資源を動員する能力が低いことに起因しているとしている（Rosenfeld et al. 2001: 286-287）。同様の関連性は、暴行（Galela et al. 2002）および強盗（Roh and Lee 2013）についても見出された。

しかし、他の多くの分野と同様に、この方程式がなぜ成り立つのかについては、パットナムの説明からは不明である。それにもかかわらず、最近のより詳細な研究では、社会関係資本と法律を順守する傾向のあいだにある関連性について、明確な指標がいくつか示されている。一般に犯罪は、人々がお互いをよく知らず、十代の仲間集団への監督が最小限で、市民の関与（法執行システムへの関与を含む）が低い地域で活発になるようである（OECD 2001b: 54=2002: 92-93）。社会関係資本は、早い段階で効果を発揮し、犯罪行為が手に負えなくなる前に介入するための自信と敬意を人々に提供すると示唆する研究もある（Halpern 2001）。強力なネットワークはまた、若者がより広いコミュニティに統合されるのを促進する自尊心と地位の感覚を獲得する文脈を提供し、特に、暴行犯罪の可能性を低減するのに顕著な影響を与える（Kawachi et al. 1997）。ただ、これまでと同様に、社会関係資本だけが唯一影響しているわけではない。

つまり社会関係資本は、コミュニティにおける犯罪行為の数に影響を与える要因のひとつとみなすことができる。社会関係資本はまた、特定の個人が犯罪行為に転じるか否かを決定するうえでの役割も果たしているようであり、犯罪が発生した場合の緩衝材や相互支援の源としても機能する（Takagi et al. 2015）。また、これは単にコミュニティやその構成員がどのように行動するかだけの問題ではなく、社会関係資本は、法執行機関の行為や、それらの機関と住民との関係をも形成することができる。言うまでもなく、これは自己強化的なパターンである。犯罪が少なく、警察への信頼と警察による治安の厚い地域では、効果的な社会的紐帯を構築・維持することができる。

概念の洗練――互酬性と信頼

社会関係資本が人々のウェルビーイングに与える広範な影響については、多くの文献が大方同意している。他人との付き合いそれ自体が有意義な経験である限り、人とつながっていること自体が資源であるが、人はその人脈を利用して他の利益を得ることもできる。ここで最近の調査研究の概要を紹介すると、社会関係資本と、教育達成・経済的成功・保健・治安のあいだには、明確で、多くの場合に強い正の関連があるように思われる。社会関係資本だけでこれらの分野における差異すべてを説明できると主張する人はいないだろうが、他の要因が存在するなかでも、社会関係資本の重要性を無視できないことは今や明らかである。しかし、社会関係資本が成熟と受容の方向へと向かっているとはいえ、いまだ比較的若い概念であり、社会的紐帯がいかにしてこれほど大きな効果を及ぼすのかについては、まだ多くのことが解明されていない。多くの著者は、人々が協力して目標を達成するために、（直接または間接的に）お互いを事前に知る以上の何かが必要であると指摘している。彼らの互酬性への期待もまた、お互いを信頼しているかどうかに左右される。そして、このことは、信頼が社会関係資本の構成要素であるか、あるいはその副産物であるか、それとも（関連があるにせよ）まったくの別物であるのかという、頻繁に議論されている疑問に私たちを導くことになる。

コールマンとパットナムはどちらも、信頼を社会関係資本の構成要素として定義している。ブルデュは信頼について具体的には言及していないが、社会的再生産についての彼の議論のなかでは、結婚やクラブ活動を通して有益な人脈を拡大するためには、人々は、信頼に基づいてそれらをおこなわなければならない点を明確に示しているように思われる。フランシス・フクヤマはさらに踏み込んで、信頼そのものを、社会関係資本を創出する基盤として定義している。「社会関係資本とは、信頼が社会または社会のある程度の部分に広く行きわたっていることから生じる能力」であり、ゆえにフクヤマにとっては、信頼が社会秩序のたしかな基盤をなすものとなっている（Fukuyama 1995: 26=1996: 63）。

信頼の役割は、それ自体が社会科学全体で広く議論されており、それを扱う文献は非常に重厚で専門的なものになっている。本節では、社会関係資本の議論に関連する限りにおいてのみ検討し、社会学や経済学における広範な議論については取り扱わない（Luhmann 1988; Misztal 1996; Sztompka 1999を参照）。信頼の重要性は、私たちが見知らぬ人と交わるさまざまな状況において確認することができる。たとえば、初めての相手とデートするとき、クレジットカードを使用するとき、結婚するとき、旅行するとき、外食するとき、投票するときなどである。信頼と信頼性（trustworthiness）はしばしば潤滑剤にたとえられる。それがなければ非常に費用がかかり、官僚的で、時間がかかるさまざまな社会的および経済的取引の車輪に差す潤滑油のような役割を果たす。これは、ネットワークが資源へのアクセスを提供することを強調する、社会関係資本の概念と強く関連している。

当然ながら、信頼度の高いネットワークは、信頼度の低いネットワークよりも円滑かつ容易に機能する。親密なパートナーによる裏切りを経験した人なら誰でも、信頼の基礎を欠く二人にとって、協力して行動することがどれほど難しいかを知っているだろう。しかし、信頼は、

郵便はがき

料金受取人払郵便

神田局
承認

2420

差出有効期間
2025年10月
31日まで

切手を貼らずに
お出し下さい。

101-8796

5 3 7

【受 取 人】

東京都千代田区外神田6-9-5

株式会社 明石書店 読者通信係 行

お買い上げ、ありがとうございました。
今後の出版物の参考といたしたく、ご記入、ご投函いただければ幸いに存じます。

ふりがな お名前	年齢	性別

ご住所 〒 -

TEL ( ) FAX ( )

メールアドレス	ご職業（または学校名）

＊図書目録のご希望	＊ジャンル別などのご案内（不定期）のご希望
□ある □ない	□ある：ジャンル（ □ない

書籍のタイトル

◆本書を何でお知りになりましたか？

□新聞・雑誌の広告…掲載紙誌名[ ]

□書評・紹介記事……掲載紙誌名[ ]

□店頭で　□知人のすすめ　□弊社からの案内　□弊社ホームページ

□ネット書店 [ ]　□その他[ ]

◆本書についてのご意見・ご感想

■定　価	□安い（満足）	□ほどほど	□高い（不満）
■カバーデザイン	□良い	□ふつう	□悪い・ふさわしくない
■内　容	□良い	□ふつう	□期待はずれ

■その他お気づきの点、ご質問、ご感想など、ご自由にお書き下さい。

◆本書をお買い上げの書店

[　市・区・町・村　書店　店]

◆今後どのような書籍をお望みですか？

今関心をお持ちのテーマ・人・ジャンル、また翻訳希望の本など、何でもお書き下さい。

◆ご購読紙　(1)朝日　(2)読売　(3)毎日　(4)日経　(5)その他[新聞]

◆定期ご購読の雑誌 [ ]

ご協力ありがとうございました。

ご意見などを弊社ホームページなどでご紹介させていただくことがあります。　□諾　□否

◆ご 注 文 書◆　このハガキで弊社刊行物をご注文いただけます。

□ご指定の書店でお受取り……下欄に書店名と所在地域、わかれば電話番号をご記入下さい。

□代金引換郵便にてお受取り…送料＋手数料として500円かかります（表記ご住所宛のみ）。

名	冊
名	冊

指定の書店・支店名	書店の所在地域 都・道 府・県　市・区 町・村
	書店の電話番号　（　）

二人以上の対面的な関係だけに基づくものではない。それは、個人だけではなく、制度や集団の特質でもあり、多くの場合、第三者を介した評判に基づいている（Dasgupta 2000: 333）。信頼に関する文献の多くは、個別的信頼と一般的信頼とを区別している。前者は、特定の行為者の信頼性について個人が時間をかけて観察し体験したことに限定される信頼であり、後者は、直接的に体験した対象と類似するすべての個人や制度に拡張され得る信頼である。さらに、ルーマンは、信頼そのものと信頼する一般性向を区別した（Luhmann 1988）。社会関係資本についての議論からみれば、ここで示された信頼の異なる次元が、資源にアクセスするためのさまざまな方法を示している可能性があることは明らかである。

信頼は、社会的ネットワークがもたらすいくつかの恩恵へのアクセスを手にするうえで重要な役割を果たしている。たとえば、知識のような比較的無形で時に暗黙的である資産にアクセスする際には、信頼が特に重要かもしれない。わかりやすい例として、広告や求人センターへの通知に時間とお金をかけるのではなく、現在の従業員からの推薦によって新しいスタッフを採用することを選択したコールセンターの事例をすでに紹介した。一般に経済学では、いったん知識が譲与されると、売り手は継続的な収入（または賃料）を得難くなることが知られている。これは、企業間の情報の流れがしばしば不完全であることを意味する。なぜなら、特定の知識を既に保有する人は、それを売り渡すよりも自らが保持するほうがよいからである。知的財産法は、この問題を解決する試みのひとつであるが、非常に大きな取引コストを伴う。この観点からすると、法的手続きや官僚的な階層構造が存在する主な理由は、信頼が実際にはユビキタス（遍在的）でなく、かつ今後も決してそうなりえないからである。信頼を基礎とする関係は、弁護士費用に代わる低コストの選択肢を提供し、イノベーションの促進とそれによる競争力の強化につながるような知識の獲得に伴うリスクと不確実性を軽減するのに寄与する（Maskell et al. 1998: 43-44）。特に経済学者のあいだでは、社会関係資本をめぐる議論において、信頼が重要な問題として考えられているようである。

しかし、信頼を社会関係資本の不可欠な要素として扱うべきか、それともその成果のひとつとして扱うべきなのか、多くの論者が疑問を感じている。第一に、信頼自体が複雑で多様な現象であり、さらに、社会関係資本の概念には他の要素（ネットワークや規範）も含まれているため、概念が非常に複雑になっていることに留意が必要である。第二に、信頼は共有された規範と強力なネットワークが必然的にもたらす帰結ではないため、別の変数として扱うべきなのかもしれない。エリック・アスレイナーはこの立場を特に強く支持しており、「市民参加の形態の多くが信頼を生み出すというエビデンスは存在しない」うえに、彼が「道徳的信頼」と呼ぶものを損なう市民組織の形態が実際に存在し得るとしている（Uslaner 2002: 5）。第三に、ローズが指摘しているように、信頼と社会関係資本を分析的に区別して記述することで、両者の関係についての因果モデルを構築することが可能となる（Rose 1999: 151）。第四に、信頼それ自体が望ましいものであるか定かではない。経営陣への不信感は、解雇や賃金削減を恐れる労働者たちの慎重な姿勢かもしれない。政府に対する不信は、近代民主主義の健全な側面かもしれない。また、不信感は浮気者に対する思慮深い態度でもある。信頼は、概念的にも経験的にも、たしかに社会関係資本と密接に関連しており、本書の残りの部分では、社会的ネットワークの成員構成から生じる最も重要な資源のひとつとして、繰り返し登場する。しかし、信頼は、社会関係資本の不可欠な構成要素というよりは、むしろ原因や結果の独立因子として扱われるのが最善であることにほぼ間違いないだろう。

概念の細分化に向けて

このように信頼について考察することで、社会関係資本概念はより一層複雑なものであることが明らかになった。この用語が最初に用いられたのは否応なく場当たり的だったのであり、その本質においてスローガンのようでもあった。何人かの著者は、人間の行動や制度のなかで軽視されがちな側面に注目しようとするあまり、社会的紐帯をやや単純化して描写する傾向があった。すでに示したように、コールマンの使用法は、ほぼ完全に親密で直接的な（あるいは「原初的」な）対人関係を表す傾向があった。パットナムは、温かみのあるイメージでコミュニティを描く傾向がある。ブルデュは、つながりは特権を支え、限定的で道具的であると説明した。本章ではこれまでのところ、社会関係資本の複雑さを解き明かそうとする試みはほとんどおこなっていない。むしろ、社会関係資本の重要性を示すエビデンスをレビューすることに主眼を置いてきた。それにもかかわらず、このエビデンス自体は、ミクロ、メゾ、マクロレベルの社会分析を結びつけることができるように、概念を細分化する必要性を指摘している。

創始者たちのなかで、社会関係資本を細分化するアプローチの採用という点で最先端にいるのは、パットナムである。彼の最近の研究では、マイケル・ウールコックらに倣って、社会関係資本の形態を「結束型」と「橋渡し型」に区別している（Woolcock 1998; Putnam 2000: 22-24=2006: 19-21）。パットナムによれば、「結束型」（または「排他的」）の社会関係資本は、家族、親しい友人、その他の近親者を基礎としたものであり、内向きで、類似した社会学的生態圏に存在する人々を結びつけ、「排他的なアイデンティティと等質な集団を強化する」傾向がある。対照的に、「橋渡し型」（または「包含的」）の社会関係資本は、人々を、自分とは異なる仲間集団のなかで生活している遠くの知り合いと結びつける。これは、狭い集団の内部を強化するのではなく、より広いアイデンティティと互酬性を生み出す傾向がある。パットナムは、結束型の社会関係資本は「なんとか切り抜ける」ためにはよいが、「積極的に前へと進む」ためには橋渡し型の社会関係資本が不可欠であると考えている。ウールコックは、この水平的な二元的区分を発展させ、社会的・経済的規模の上下関係からなる「連結型」社会関係資本という第三の垂直次元を組み込んだ。これにより、人々は自らの社会文化的環境の外部にある資源を活用できるようになる（Woolcock 2001: 13）。この考え方はとりわけ実用的で、地域開発政策やその他の反貧困戦略にとって重要である（第5章を参照）。

橋渡し型と結束型という社会関係資本の基本的な区別は、広く受け入れられている。ただ、異なる用語が採用される場合もある。たとえば、ナン・リンは、マーク・グラノヴェターによる若年者の求職活動に関する初期の研究に倣い、「強い紐帯」と「弱い紐帯」を区別している（Granovetter 1973; Lin 2001: Ch. 5=2008: 第5章）。リンは、強い紐帯は「同類性」の原則に従って人々を自分自身と似た他者と結びつけ、弱い紐帯は異なる社会的・文化的背景を持つ人々を結びつけると定義した。またリンは、それぞれの種類の社会関係資本が調達する資源や目的の種類を対比させている。強い紐帯は、アイデンティティに依拠した規範的な目標（リンが「表出的な」目的として定義するもの）を達成するために、かなり類似した資源を持つ個人や集団を団結させる。他方、弱い紐帯は、新種の資源へのアクセスを提供しつつも、強力な共有価値にはあまり依存しないため、道具的な目標を達成するのに適しているようである。リンはこれらの洞察を発展させ、強い紐帯と弱い紐帯（または結束型と橋渡し型の社会関係資本）、相互協力の目的（表出的および道具的）、行為者の構造的な社会的地位、そして、地位へのアクセスを提供するネットワークの成員構成などの違いを考慮した社会関係資本モデルを理論化している（Lin 2001: 75-76=2008: 97-98）。

同質性と異質性は、一般的に、社会関係資本の機能を規定する重要な要素のようである。一例をあげると、女性と男性の起業家における社会関係資本の研究から、女性は一般に男性よりも同質的なネットワークを持ち、ネットワークの構成員として特に親族を頼る傾向が強いことが明らかにされた（Renzulli et al. 2000）。どうやら、これらの特徴的なネットワーク特性は、男性起業家と女性起業家の相対的なパフォーマンスの違いを説明するのに役立つ独立変数を形成している（Lutter 2015も参照）。このように、個人・コミュニティ・制度のあいだにある紐帯の性質と範囲を理解することが、社会関係資本がさまざまな資源へのアクセスを提供する多様な方法を把握するのに役立つ。

社会関係資本を活性化するために必要な人的資本についても、さらなる細分化が必要である。人々が多様なネットワークを有しており、価値観を共有する程度がさまざまであっても、協力の恩恵を受けるためにはスキルを習得しなければならない。社会的能力の獲得と発達はこれまで、社会関係資本の一側面としてあまり注目されてこなかった（ただし、文化資本に関するブルデュの考え方は重要な指針を提供するかもしれない）。必然的に、ネットワークの種類によって必要とされるスキルの分布は異なる。スキルの分布が、性別によって偏る場合もある。バージニア・モローは、女性のほうが感情的なスキルを利用しやすいのは、「（歴史的に）私的領域に集中していた」結果であると指摘している（Morrow 1999: 755）。特に学校教育と社会階層との関連が著しい国では、ネットワーキング・スキルの分布にも社会階層の違いが大きく影響すると推測されている。同様に、そこには地域や国家、民族による違いもあるかもしれない。人々のネットワークを通じて得られるさまざまな資源にアクセスするために必要なスキルの多くは、日常的な人間関係の実践に深く埋め込まれた暗黙的なものである。言うまでもなく、この特性は、誰かの社会関係資本をある文脈から別の文脈へと移動させたり、別の種類の資本に変換したりすることが非常に難しいことを説明するのに役立つだろう。

最後に、個人によって異なる社会関係資本の使い方を区分しておく必要がある。社会関係資本にはミクロレベルの次元があり、それは個々人の経歴を構成する多元的な生活世界の内部に位置づいている。このことを示す有用な例として、個人のライフコースのさまざまな局面ごとに、重要となる社会関係資本の種類が変わる点があげられる。たとえば、ポールとスペンサーは、幼児期や虚弱な老年期に身体的および精神的なサポートを供与するには緊密な紐帯（結束型社会関係資本）が不可欠である一方で、緩い紐帯（橋渡し型社会関係資本）は、成人期のリスクや変化、不確実性を切り抜ける際に有用な資源を提供できると示唆している（Pahl and Spencer 1997: 102）。

結論として、このような幅広い研究は、人々のライフチャンスの違いを説明するうえでの社会関係資本の役割を検証し、探求しようとするものであった。実際、その用途は多岐にわたっており、比較的若く未検証であるアイディアの「過剰な多用途性」（Thompson 2002）に対しては、すでに警告を発している人もいる。とはいえ、この概念はそれほど新しいものではない。前章で示したように、人間関係が資源であるという考え方は近代社会理論とともに登場し、デユルケーム、ジンメル、ウェーバーらによって精緻化された。この考え方がもたらした新奇性が資本という概念であったのはたしかであり、それはその所有者に測定可能な見返りを与えるというものである。

本章で概観したエビデンスからわかるのは、社会関係資本は、協力と互酬性の前提条件を生み出すことによって、こうした見返りをもたらすということである。リンは、このような結果をもたらす複数の中心的メカニズムの存在を示唆し、（a）情報、（b）仲介者による影響、（c）信頼性の確認、（d）約束と関与の補強などをあげている（Lin 2001: 19-20=2008: 25-26）。ただし、コールマンが指摘するように、ネットワークの成員となることの価値は、それを承知で投資した行為者に限定されるものではない。投資の多くは意図的におこなわれたものではなく、行為者自身の目的を果たすためにおこなわれている。そして多くの場合、実際にネットワークに属し、そこに投資した個人にとって価値があるだけでなく、より広範な公共利益にとっても価値がある。

本章では主に、社会関係資本がネットワークの成員と全体に明らかな正の見返りを与えることを示すというエビデンスに焦点を当ててきた。ここまで、ネットワークの成員だけでなく、より広範なコミュニティにいる他者にとっても正の効果をもたらすような、ほぼ例外なく歓迎される類の見返りを強調してきた。しかし、紛争や不平等、不法行為についての一般認識を考慮すると、社会関係資本が負の見返りをもたらす可能性についても検討するのが適切である。

第3章　隘路の散策

パットナムは、社会関係資本は「われらのためになる」がゆえに、できる限り多く蓄積すべきであると断言している（Putnam 2000: 414=2006: 513）。本章の目的は、この楽観的な見方を批判的に検討していくことにある。というのも、ネットワークの力はしばしば公共財となる反面で、かなり否定的な結果を及ぼす可能性もあるからである。なかでも二人のイタリア人学者による研究は非常に興味深い。彼らは学力試験での不正行為と社会関係資本の関係について調査をおこなった（Paccagnella and Sestito 2014）。そこではまず、いくつかの社会関係資本尺度のスコアの低い地区にある学校で、不正行為がより多くみられることがわかった。以上の話ならば、パットナムが説明した社会関係資本の肯定的側面は支持されるだろう。しかし同時に彼らは、教師が地元出身である場合や、生徒間の社会的地位と民族性が比較的同質である場合に、不正行為がより頻繁にみられることも突き止めた。わかりやすくいうと、社会関係資本には不正行為を抑制し得るものもあれば、逆に不正行為を助長するものも存在したのである。

この結果から何がいえるだろうか。第一に、人脈によって反社会的な行為が秘匿されたり促されたりする際に、社会関係資本には負の側面である「隘路」が存在し得る。しかし第二に、このように社会関係資本概念を区分することによって、経済学者が「外部不経済」と呼ぶ事象が時として生じる理由を理解できる。実際、社会関係資本に関する文献のほとんどが社会関係資本を無条件に肯定しているのに対して、一部の研究者は、望ましくない負の効果の特定に関心を寄せるようになった。そこで本章では、二種類の負の帰結について探究する。はじめに、ブルデュが指摘したように、社会関係資本が不平等を拡大させる可能性について検討する。その際、社会関係資本がどのように反社会的行為を支える役割を担うのかを精査する。次に、社会関係資本が持つ影の部分を理解するための方法を考察していく。

社会関係資本が否定的な結果をもたらすというのは、さして驚くべきことではない。前章でみたように、ブルデュは、クラブ的な社会関係資本が地位や権力をめぐる闘争を支える役割を担っていることに大きな関心を抱いていた。同様に、特にパットナムをはじめとして、この概念の主要な著者たちもまた、その負の作用を見逃してはいなかった（Putnam 2000: 315-316=2006: 384-387）。といっても、パットナムは、ある状況下では社会関係資本が誤用されかねない点を認めていたにすぎず、それは圧倒的に善なる力であると確信していたのであった。アメリカの宗教に関する彼の最近の研究では、信仰が人々の関係を分断することを認めつつも、結論では、宗教組織の活動への参加が、充実した人間関係を構築し、さらにそれが異なる信仰を持つ人々への寛容と信頼の精神を育むと締めくくっている（Putnam and Campbell 2012: 443-515=2019: 440-510）。しかし、社会関係資本理論の創始者たちがその負の側面を完全に無視してきたわけではないのだとしたら、社会関係資本を公共財として定義する際に、そこに内在するリスクを十分に認識しておらず、またそれについて誠実に留保することもなかったことになる。

社会関係資本と不平等

社会関係資本が不平等を助長するのは、ネットワークへのアクセスが人々のあいだで不平等に分配されているからである。もちろん、利益を追求するひとつの手段として、人脈を利用する機会は全員に与えられている。だが、他者よりも価値のある人脈を持った人々がいることも事実である。このことについて、二人の著名な批評家は次のように言及した。

> 社会関係資本へのアクセスは、それを独占しようとする特定の個人や集団の社会的配置に左右される。(中略) しかし、社会関係資本の社会的配置自体は、それを独占する人が誰であろうと、その「使用価値 (use value)」に影響を及ぼしている。
>
> エドワードとフォーリー (Edwards and Foley 1997: 677)

加えて、ブルデュが述べたように、社会関係資本は、地位と特権を支える資源にアクセスする手段として利用される場合もある。地位や特権があれば、人々は、他者を犠牲にして自らの社会的地位を高めることができる。最終的に、雇用主たちが結託して労働組合を弱体化させるときのように、力のある集団は、集団の外側にいる人同士が社会的につながらないようアクセス制限をかけたり、力の弱い人々の社会関係資本を解体したりすることもある（Schulman and Anderson 1999）。したがって社会関係資本とは、不平等に偏在する資産であると同時に、不平等をさらに加速させるために一部の人間が利用するメカニズムだともいえる。

経済資本と文化資本を相対的に多く所有している人々は、社会関係資本をも豊富に蓄積している傾向にある。このことが意味するのは、彼らは他者との関わりが総じて多く、アクセス可能な資源の面からみて相対的に大きな影響力を持ち、なおかつ、自分と同程度に豊かな人脈を持っている人とつながることが多い。あるイギリスの研究では、さまざまな余暇活動と市民組織への参加に関して調査したところ、参加にあたってきわめて明確かつ強力な偏りが示された。著者たちは次のように結論づけている。

> 男性であること、白人であること、長い期間の教育歴、高い社会階層、高い個人所得、そして高学歴といった要因はすべて、より多くの組織で成員資格を得る可能性を有意に高めていた。
>
> ウォードとタンプボロン（Warde and Tampubolon 2002: 163）

他国でも同様の結果を得られていることが、この図式を裏づけている（Heinze and Strünck 2000）。

ここでひとつ疑問なのは、人々の社会性とボランティア行動の変化が、社会関係資本の分配方法を変化させたのではないか、という点である。あるアメリカの研究によると、市民参加と社会的孤立の拡大という昨今の動向によって、階層間格差が拡大し根強いものになっている（Peteva 2013）。他方、イギリスで大規模かつ綿密に実施された階層の不平等研究では、次のことが明らかになった。ほとんどの人のネットワークでは自分に似た相手と交流する傾向があり、たとえば専門家は主に専門家同士で交流している。ただ実際には、すべての人が、自分とはまったく異なる社会的背景を持つ人々と、少なくともいくつかの紐帯を保有していた。この点について著者たちは、「各階層とその文化が相互に切り離されていたであろう五〇年前」とは大きく異なっていると確信した。ただし、そういった社会的交流の一般図式にも例外はある。桁外れの富裕層がその代表であり、彼らのネットワークは他集団と比べてきわめて排他的であった。さらに、裕福層には及ばないが、最貧困層も同じような実態だった（Savage et al. 2015: 142-149=2019: 134-141）。つまり超富裕層と超貧困層だけが排他的なネットワークを保有する傾向があるものの、あらゆる階層における社会関係資本の分布は、より大きな社会経済的不平等のパターンと結びついているのである。

また、ボランティア活動と信頼の共有は高学歴の階層と中間層の特徴であり、おそらく現在もその傾向は強まる一方である。さらに、親が子どもに人脈構築スキルを教えることが、世代を超えて不平等を引き継がせる一助となっている。裕福な親は、成功が運任せにならないように、子どもに行動様式のお手本をみせ、教師や名高い大人と交流するように仕向けるための話し方の規範を伝達している（Crozier et al. 2011）。こうして、親は次のように確信する。子どもたちが大人になったとき、より大きな選択と管理を上手におこなえるようになるだろう。なぜなら子どもたちは、有益なスキルを受け継いだだけでなく、人脈の価値を洞察する力も身につけたのだから、と。

ジェンダー差もまた、ネットワーク資源へのアクセスを通じて維持されており、時にそれが問題になっている。よく知られてはいるが、市民組織の構成員は性別によって棲み分けされている場合が多く、男女どちらか一方だけを募る組織まで存在する。たとえば、世界価値観調査のデータを使って国際的にみてみると、政党、スポーツクラブ、職能団体、労働組合には男性が多く在籍している傾向があり、それに対して女性は、教育や芸術団体、教会組織、保育や高齢者介護の組織に多く所属している。「ポスト産業」社会ではジェンダー格差が縮小しつつあったとはいえ、こうした傾向は、今でもさまざまな社会で広く観察されている（Lin 2000: 787-788; Norris and Inglehart 2003）。こうした市民組織活動におけるジェンダー化傾向は比較的よく認知されており、疑う余地はない。これらは社会関係資本の蓄積の違いによる不平等な影響力という点で、あからさまな性差別とともに、女性の生活に重大な現実的影響を及ぼしている（たとえば、Caligiuri et al. 1999; Lowndes 2000; Grugulis and Stoyanova 2012; Lutter 2015）。つまり、男女間におけるネットワークの非対称性は、ジェンダー不平等の維持に一役買っているのである。

社会関係資本は人種・民族的な不平等にも加担している。アメリカの調査データでは、黒人の市民組織加入率が白人よりも高いことが示されているが、それは主に、アフリカ系アメリカ人の宗教団体加入率の高さが理由である（Glaeser et al. 2000: 818）。このことからわかるのは、アフリカ系アメリカ人が人脈を豊富に持っていたとしても、それが他の人種・民族集団の人々と接する機会につながることは滅多になく、特に白人との交流はほとんどみられていないという点である。白人優位の社会で困難な状況に陥ったときに、このような制約された人種・民族的基盤の社会関係資本は援助資源を提供できるものの、広い社会からアクセスできるはずの資源を制限してしまう（Lin 2000: 788-789）。さらに、裕福な家庭においてでさえ、民族的マイノリティというだけで、社会関係資本の資源が制約される傾向にある（Caldas and Cornigans 2015）。もちろんこのことは、特定の人種・民族的社会関係資本のみに限った話ではない。ベルギーの詳細な調査では、特定の人種・民族を不利な状況に追いやる要因がネットワークの構成要素によって説明された一方で、あからさまな差別などを含む他の要因の存在を裏づけるエビデンスも発見された（Verhaeghe et al. 2013: 691-692）。ただし、これら他の要因は不平等なネットワーク構造の文脈で常時機能し、互いに作用し合うものである。

同質性と多様性

二〇〇〇年、信頼行動に関するひとつの実証研究の結果が発表された。それによると、自らの振る舞いの相手が同民族集団の人々だと感じるとき、その人が信頼に基づいて行動する可能性ははるかに高まったという（Glaeser et al. 2000）。民族の違いによって信頼が弱められるというこの研究の示唆は、民族性と社会関係資本とのあいだにある関係についての重要な問いを一般に提起する。たとえば、ある識者の指摘では、パットナムが研究で用いた社会関係資本の高い諸地域には民族的な同質性があり、社会関係資本が世界的にみて最高水準だという六か国のなかの四つはスカンジナビアの諸国である。それに対して、最も多様性の高い諸州や国（たとえば、ブラジル）の社会関係資本は低い傾向にある（Glaeser 2001: 392）。

ここで私が言わんとすることを明らかにしておきたい。バーバラ・ミズタルが指摘するように、人々が他者の行動予測について自信を抱きやすいのは、自分とは異質な人間の行動よりも、自分と同質的な人間の行動を予測する際である、というエビデンスが数多く存在する（Misztal 1996: 133-135）。この傾向は、民族集団内の共同性（community）と互酬性を促すとともに、難民や移民のあいだに限らず、支配的集団のあいだでも、協力を促進するために利用され得る。また、人々は主として、帰属先となる社会経済的集団の内部で社会化される傾向もある。最近の研究では、所得格差の大きな社会では信頼の水準が低く、共有価値があまりみられないことがわかっている（Sage 2013）。ゆえに、社会的に多様なコミュニティは、同質的なコミュニティと比べて、本当に凝集性の程度が低いのかを問う価値は十分にあるように思われる。

とはいえ、ここではまず、貧困層のネットワーク問題を考えることからはじめてみよう。困難に直面した人々は、社会関係資本を有益な資源とみなし、実際にそのように扱っている。人々は逆境によって、とりわけ排斥や危険と隣り合わせの経験をする人々のあいだで、つながりを強化しているのである。そこでは、まったく異質な背景を持つ人々の大半とはさほど関わらないため、社会的ないし民族的に同質化された、濃密かつ局地的なネットワークを創り出せるだろう。しかし反面で、コミュニティの外側に在ったり置かれたりしている利益をもたらしてくれる他者には、アクセスしづらくなる。ある研究によると、北アイルランド紛争の後期における西ベルファストの住宅団地では、住民間の同質性がきわめて高く、入退去する動きが相対的に少なかった。これには「伝統的な家族観を強化するカトリック学校やカトリック教会のような強固な家族構造と制度」が関係しているという（Leonard 1998）。こういったネットワークでは、その地域の外側にある資源にほとんどアクセスできず、住民とその子どもたちの人生の機会を抑制してしまっていた。一方で、暴力の横行した時期には、彼らを助ける強力な支援ネットワークが提供されていた。

他の研究でも、不利な状況に置かれた集団間のネットワークには類似した特徴がみられる。

解雇された中国人労働者を研究したツァオによれば、彼らは典型的な特徴のあるネットワークを保有しており、それは一般と比べて親族間の紐帯が強く、アクセス可能な資源の範囲が狭かった（Zhao 2002: 563）。求職活動をする際、黒人系アメリカ人は白人よりも社会関係資本から高い見返りを獲得しているようにみえるが、これは彼らの雇用機会が人種差別によって制約されていることを示唆しており、彼らの社会関係資本の価値が本質的に高いということではない。それどころか、民族内部の閉鎖的な友情関係に依存することによって、彼らがアクセスできる機会を制限してしまう傾向がある（Aguilera 2002: 869）。ポスト共産主義下のモスクワに住むジョージア人とアルメニア人の移民は、民族集団ネットワーク内の共通の知人を介してすぐに仕事を見つけることはできるが、その後は、狭い範囲の雇用機会に制限されることになる（Stephenson 2001: 537）。

障がい者もまた、ネットワーク上の不利による影響を受けやすい。彼らの就労率は圧倒的に低い。彼らは全体平均と比べて、多くの場合に就労者のなかに知人が少なく、福祉給付金を頼りにせざるをえない。また、障がいに対する周囲の態度によって、直接的な差別にも苦しんでいる。おそらくこの場合の社会関係資本の欠如は、結局のところ、偏見の結果である。こうした偏見が雇用拒否につながり、そのうえ、労働できないことを証明しなければ福祉の対象にならないという給付の罠に障がい者を追い込む（Heenan 2002: 385-387）。彼らが抱えるネットワーク上の不利こそが、つまり、手当の罠から逃れる機会をつかむための支援者になり得る就労者とのつながりを欠いてしまっていることが、労働意欲すらも否定されている障がい者にとって、まさに不利の根源になっている。

たしかに、不利な立場に置かれ負のレッテルを貼られた集団のあいだでは、社会関係資本の同質性の高さが、コミュニティを存続させるための賢明な戦略なのかもしれない。しかし、この種の社会関係資本は、身近なコミュニティの外側ではあまり機能しない。また、それが唯一の要因というわけではないが、コミュニティの立場を長期的に変化させることをきわめて難しくしてしまう。さらに、社会関係資本が人々のアスピレーションを押し下げる方向に働く結果、不平等を助長することも指摘されている（Portes 1998; Harper 2001: 12）。ポルテスは、人々が主流社会への反発や逆境の経験を共有し、集団としての連帯が強化されると、各々は離脱して「敵」の仲間に加わろうとすることを思いとどまるはずだ、と主張している。

しかし、社会関係資本が不平等を拡大させる方法は主として、まさにブルデュが指摘していたメカニズムそのものである。これまでみてきたように、ブルデュにとってネットワーク構築の戦略とは、最も裕福な人々がつながりを強化して子どもに継承させる方法であった（Bourdieu 1986）。この現象については、貧困層のネットワークに比べると研究者の関心が低かったが、わずかながら、富裕層の家族がネットワークを通じて自分たちの地位を再生産する方法を観察するなど、ブルデュの研究を補完しようとする研究者が出てきている。特権の再生産に着目している研究者の大半は、民族性と人種の問題に焦点を当てているが（たとえば Gowan

2010）、なかには社会経済的階層における特権の役割を調査している者もいる。優れた事例研究のひとつとして、エレン・キーンがアイルランドの大学生におこなった同類性と「派閥」の調査があげられる。被験者となった学生はクラブに参加したり友達グループを形成したりするなど、好んで「自分たちだけで固まり」、異なる背景を持つ学生とは社会的距離を保っていた（Keane 2011）。また、上位の社会経済的背景を持つ生徒を積極的に受け入れる学校でも似たような傾向がみられる。こうした学校では、スポーツや他の余暇活動が、社会選抜的なネットワーク戦略の基礎となっている（Horne et al. 2011）。

以上、本節における社会関係資本と不平等に関する議論では、ネットワークが特権を維持し、劣位性を固定化する側面を確認したつもりである。社会関係資本が関連する唯一の要因であるとか、それが紛れもなく最も重要だと示唆することは、過度な単純化といえるかもしれない。人々が目標を達成するにあたって、人脈を含む多種多様な資源を利用するのと同じように、さまざまな不平等はさまざまな方法で相互に補強し合う傾向がある。このとき、少なくとも二種類の不平等が社会関係資本に関わっていると思われる。第一に、最も裕福で高学歴の人々は、通常、影響力のある人脈を最も多く所有している。第二に、とはいえ、人々のネットワークの性質は質的にも異なっており、支援を受ける機会は、より広い社会階層における個人や集団の位置と密接に関連している。このように、社会関係資本が社会的不平等を生じさせる唯一ないし主要な要因であるとは言いがたいが、その一端を担っているのは明らかである。

社会関係資本の逆効果

人々は、一般的に有益な目的のためには、ネットワークの構成員とも非構成員とも協力する。同様に、社会的にも経済的にも「逆」の目的のために社会関係資本を利用することもできる。もちろん、この「逆」の定義は多岐に及ぶだろう。たとえば、「イスラム国」（ＩＳＩＬ）を残忍なテロ組織だとみなす人が多くいる一方で、なかには彼らを信仰の道徳秩序を守る勇敢な戦士だと考える人もいる。また、二〇〇八年に金融危機が起きる直前まで市場操作に関わっていたアイスランドの銀行家たちは、かつて祖先たちがそうであったように、海を果敢に航海するヴァイキング起業家だと自らを称することを好んだ。私がこれらに言及したのは、想像し得る偽善を嗅ぎ分けるためではなく、「逆」が何であるかの判断が容易ならざることを強調するためである。けれども、生産的な社会的ネットワークとその「逆」のネットワークとの違いは、合理的に明確な区別ができる。すなわち、生産的な社会的ネットワークは、構成員とコミュニティ全体の両方に好ましい結果をもたらすのに対して、「逆」のネットワークは、構成員には正の結果をもたらす反面で、より広いコミュニティには負の結果を及ぼすものである。

本節では第一に、こうした「逆」の方向性がネットワークの意図的な目的となる場合を扱い、第二に、それが意図せざる副産物である場合を検討していく。実際の例を拾い集めるのは簡単で、最も頻繁に引き合いに出されるのはおそらく組織的犯罪であるが、他にもたくさんある。たとえば、成人の性的欲求を満たすネットワークがなぜ存在し得るのかというと、それは主に、子どもや貧困国出身者といった集団を搾取するためである（Stephenson 2001: 537）。また、薬物ネットワークに属している人は、単独で薬物を使用する人よりも、危険な注射に至る可能性が著しく高い（Lovell 2002）。フクヤマによれば、信頼には、経済的協力を容易にし、契約、階層制、官僚的ルールといったフォーマルなメカニズムに関連する取引コストを削減するという一般的価値がある（Fukuyama 2001: 10）。だが、こうした社会関係資本の特徴は、銀行家が為替レートを操作し、不正融資を取引する温床にもなる。さらに、多元的民主主義には市民組織の健全な多様性が必要とされるが、構成員に私的な利益をもたらすために派閥を組む市民組織も確認されている（Streeck 1999）。グアテマラとコロンビアという二つのラテンアメリカ諸国を研究したマキルウェインとモザーは、「あらゆる社会組織のなかで看過できない少数者」が自らの構成員にのみ利益をまわし、他の人々には暴力を振るっていると指摘した（McIlwaine and Moser 2001: 975）。このような組織には、ゲリラ集団や民兵組織、地域ギャング、自警団、薬物カルテルなどが含まれている。そして、会員制組織の五つにひとつは暴力に関与していると推定され、そのほとんどが男性優位の組織であった。

社会関係資本は一体なぜ、ある局面では正の結果を、別の局面では負の結果を生んでしまうのだろうか。ひとつの有力な可能性としては、人々は文脈に応じて異なる方法で資本を利用できるからである。マーク・E・ウォーレンはコロンビアの政治腐敗に関する研究のなかで、負の外部性が持つ安定したシステムについて言及している。その特徴とは、家族に基づきながらも部外者に開かれた社会的ネットワークの強靱なシステムと、（仕事や倹約、厳格な道徳律を好むような）強固な共有価値、そして高水準の信頼が絡み合っていることである。生産的な社会関係資本が豊富にあると思われるこの地域では、メデジン薬物カルテルが誕生し、海運業者との信頼関係の恩恵を受けて、世界の輸出市場にコカインを送り込んでいた（Warren 2001）。また、必ずしも、部外者のすべてがこのような凶悪集団を正当でないとみなしているわけではない。報告によれば、たしかにコロンビア人の八二パーセントは彼らを好ましくない集団とみなしていたが、残りの一八パーセントは彼らを信頼していた。もちろんこの報告は、警察や司法といった公的機関に対する信頼が相対的に低いという事実にも関連しているだろう（McIlwaine and Moser 2001: 979）。

こうした事例では、暴力行為だけが逆方向の社会関係資本の維持に資するのではない。少なくとも同じくらい重要なのは恐怖心の役割であり、特に記憶に残る暴力行為の民話がその恐怖心を支えている。さらに言えば、逆方向の社会関係資本には利点もあり、この利点はネットワークの構成員にとって非常に重要な意味を持つ。つまりこのような集団の構成員にとっては、自己効力感やアイデンティティの実感に加えて、楽しみまでもが味わえるという、たしかな旨味がある（McIlwaine and Moser 2001: 977）。激動する危険な環境にいたとしても、とりわけ若年男性は逆志向の組織のなかで、処世術を見出すことができる。この逆向きの社会性と類似するパターンは、モスクワのストリート・ギャングでも確認されている。このストリート・ギャングたちは、しばしば家族などのフォーマルな構造が崩壊する状況で、社会から疎外された若者に対し、ある種の社会的保護を提供している（Stephenson 2001: 540）。そして、言うまでもなく、人間関係の感情的な側面を忘れてはならない。一部の若年男性にとっては、暴力的なギャング集団が、好きな人々と出会い、彼らも自分のことを好きになってくれる唯一のネットワークなのである。

社会関係資本の逆効果が顕著にみられる側面としてはジェンダーがあげられる。特に組織犯罪のリーダー格は、その大部分が男性であり続けている。同様に、組織的ギャングのほとんどが男性である。女性ばかりで構成されるような、めずらしいギャングであっても、男性ギャングの恋人である場合が多く、彼女たちの活動の中心は、恋人である男性の活動を支援することにある（McIlwaine and Moser 2001: 977）。こうして実際、青少年ギャングの組織原理の多くは、権力と女性の服従に基づくことが広く知られている。また、逆方向の社会関係資本と民族性とのあいだにも、複雑ではあるが、関連性がある。明らかなのは、類似性が高いほど信頼も高くなり、民族的に異質な他者に対しては、しばしば、犯罪者かもしれないという認識が向けられるということである（Chiricos et al. 2001）。他にも、犯罪集団は民族的な線引きに沿って組織されることが多い。時として、人種差別や派閥主義が露骨に打ち出されることもある。たとえばモスクワのギャング構成員は、集団の大義となっている急進的な国家主義や人種差別主義を受け入れ、忠誠を誓うことを要求される（Stephenson 2001: 540）。以上のように、反社会的目標を達成するためにネットワークを利用するのは男性が中心となる傾向にあるが、しかし常にそうだとは限らない。特定の民族集団がネットワーク利用を支配しているわけではないが、民族性はネットワークの同質性を確保する要因となり得る。

これまで、意図的な逆方向の目標のためにネットワークを活用する例を集中的に論じてきた。しかし、ネットワークへの参加によって意図せざる逆効果を招いてしまうこともある。これは、ネットワーク構成員が何らかの目的で協力しようとしたにもかかわらず、それが達成されるかどうかは別として、当初からは想定外の、おそらく望まなかった結果までをも生み出していることに気づくような場合である。ソビエト連邦にみられたブラット（訳注3）と呼ばれるネットワークは、たいていの場合、見知らぬ他者を犠牲にして利益を得ることを意味していた。このブラットの利用に際して人々は、自身の不正行為を否定するか、あるいはブラットが国家という抽象的なものだけを傷つけるとみなしていた一方で、実際のところは、他人がブラットを利用することが自分には有害であるという認識も持っていた（Ledeneva 1998: 35-36）。このような逆効果は資本主義社会でも同じように広まっている。北欧経済における知識移転とビジネスイノベーションを刺激した社会関係資本の役割を調査した研究者は、同じ信頼に基づく関係でも、既存の戦略と技術を「固定化」（lock-in）させるリスクを生み出す可能性がある点を認めている。このような事例では、経営者は、ある活動が経済的価値を失った後もしばらく、活動を続けるしかないと気づくのである（Maskell et al. 1998: 49）。カルテルのような行為も、同じように生産性の低下を招く。たとえば、社交的なビジネスパーソン同士は、入札や価格競争を回避するために、対抗意識を協力の地盤へと転換させることができる（Ingram and Roberts 2000）。しかしそうなると今度は、競争がビジネス行動に与える影響を減じさせ、経営者は顧客の目線から切り離されてしまう。このように、社会関係資本は、変革を促進できないばかりか、時に停滞と非効率性を生み出しかねない。

同様のことは政治の世界でも起こっており、コミュニティのリーダー格から成る小集団が政治過程における協議への参加を支配している。こうした状況でコミュニティのリーダーたちは、自身の豊かなネットワークを利用して、自分とは異なる意見の人々を排除したり、その人々の意見には正当性がないと無視できる状況をつくり上げる。そのため、老舗のコミュニティ開発協会が地域再生の主導権を独占し、地域のコミュニティから関係者以外を排斥する事態も観察されている（Bockmeyer 2000: 2418）。指導体制とは、狭量な（あるいは、どちらかというと狭量な）ボスたちのシステムのなかにたやすく定着してしまうものである（Portes and Landolt 2000: 546）。

ところで、逆作用とは、何か特別な社会関係資本によってもたらされる結果なのだろうか。この疑問はすでに、アメリカの人類学者エドワード・バンフィールドが南イタリアの農民の行動を説明するために「道徳意識を欠いた家族主義」（amoral familism）という用語を使用した一九五〇年代から存在していた。このときバンフィールドは、彼らの行動が近親者の短期的地位を改善するためだけにとられた戦略の結果であるとみていた。そして、これは家族にとっては非常に有益かもしれないが、より広く協力を確保しようとする試み全般を台なしにしてもいた（Banfield 1958）。多くの議論が長きにわたって展開されたが、バンフィールドの理論は北イタリアと南イタリアのあいだにある経済的・政治的な差異について論じたパットナムの見解といくらか類似している。パットナムは近年、何らかの親密な結束型の紐帯によって、より大きな集団的問題の解決に必要とされる、緩やかな橋渡し型のつながりの形成が妨害されてしまう可能性を認めている（Putnam 2000: 362-363=2006: 447）。したがって、ある種の社会関係資本が逆効果を生む傾向に関して、何らかの説明ができるかどうかを十分に検討する必要がある。

負の社会関係資本は長いあいだ、個別的信頼の傾向、つまり、近親者や個人的な知人などの関係者、あるいは、教会や市民組織などの既知の共通集団に所属する人を主に、またはそうした人々だけを信頼する傾向と関連づけられてきた。個別的信頼は、よそ者を信頼しないほうが賢明であるといった、危険な外的環境の産物ともいえる。この場合、外部の人々を排除して、親密な紐帯を信頼することこそ、安心を得るための有益な源になる。さらに言えば、社会関係資本が資源として唯一機能する局面とは、個人が他者と紐帯を形成したときというよりも、集団の共有価値を内面化させた場合においてである。ゆえに、集団の価値観を共有しない人々からすれば、その後の制裁経験がひどく抑圧的だと感じるに違いない。信頼度の高い社会から離れる人々がいるのは、周囲の親密で自己監視的なコミュニティに息苦しさを覚えるからである。以上のことから、明らかに、社会関係資本の負の側面の原因は、（おそらく個別的信頼と組み合わさった）結束型社会関係資本であると考えられる。

この命題を裏づけるエビデンスは複数の研究から得られている。個別的信頼が政治的・経済的腐敗につながるという点については、十分な検証がおこなわれてきている（たとえば López and Santos 2014）。ただし、結束型社会関係資本、つまり家族の人脈を利用するような排他性は、教育達成度を向上させ、求職活動のコストを削減し、ビジネス取引での不正のリスクを最小化するといった公共財と結びつくこともある。例をあげると、マダガスカルの農産物取引業者に関する研究では、不正な談合のエビデンスはほとんど示されなかったにもかかわらず、社会関係資本によって取引コストが低下し、潜在的な金融貸付業者との信頼関係が促進されていた（Fafchamps and Minten 2002）。もちろん、親密な紐帯で結ばれた人同士の取引は、単純な馴れ合いを超えたものにもなり得る。そうした取引の是非を判断するひとつの方法についてウォーレンが提案しているのは、追求されている利益と、その利益を獲得した後に続く行動を、公共的な観点から正当化できるかを問うことである（Warren 2001）。もしその答えが「イエス」だとしたら、私たちは多元的社会のなかで物事を成し遂げていく数多くの方法のうちのひとつを単に観察しているにすぎない。

橋渡し型社会関係資本にも負の側面としての「隘路」がある。これまでみてきたように、橋渡し型社会関係資本によって、内部関係者によるインサイダー・ネットワークが発達することで、不平等が再生産され、これが逆効果を及ぼす場合もある。たとえば、熟練した知識専門家のインフォーマルなネットワークは、「ニューエコノミー」における利益の過大報告を隠蔽する一因となった。イタリアとコロンビアにおける組織的不正を研究したウォーレンは、個別的信頼（内部関係者に限った信頼で、通常は結束型社会関係資本と関連する）だけが不正の原因ではないと主張する。その事例では、たいていは仲介者を媒介してではあるが、よそ者にまで拡張できる一般的信頼を分かち合っていた。ウォーレンにとって、より広い社会で社会関係資本が正と負のどちらに働くのかを決定づける要因とは、その文脈である。彼の仮説によると、集団が負の外部性を生み出しやすい状況を抱え、その負の側面を被る人々がそれになかなか抵抗できない場合には、負の社会関係資本が好まれる文脈となる。ウォーレンはそういった状況に基づき、「政治的・経済的・文化的な民主主義がより豊かに存在するほど、負の潜在力を秘めた社会関係資本の源が、実際に負の方向に機能するのを抑制する」と示唆したのであった（Warren 2001）。この説明の仕方は、ある程度までは、権力や資源関係の不平等こそが問題であるという事実を、別な言い回しで表現したものとなっている。

以上をまとめると、結束型と橋渡し型のつながりを厳密に峻別しないほうが賢明かもしれない。人々は、たしかに市民組織や他の緩やかな紐帯との関わり方を選択できる一方で、自らの家族を選択することはできない。人々は既存の興味や好みに基づいて橋渡し型の紐帯を豊かにしていく傾向にある。そして、共通の関心を持った相手を探し求め、さらに仲間を集めるべく市民組織に参加しはじめるのかもしれない。それに対して結束型の紐帯には、選択の問題とは切り離された人脈が複数みられる。社会システムがどれほど機動的で柔軟であったとしても、自らの家族の価値観や行動が攻撃的で有害だと感じる場合もあるし、そのような家族と決別するかどうかは、せいぜいのところ制約された選択肢にすぎない。しかし、橋渡し型のつながりに関わる選択を過大評価したり、結束型の紐帯に関わる選択を過小評価したりしないことが大切である。現段階ではっきりしているのは、より遠い紐帯に比べると、より近い紐帯のほうが逆効果を招きやすいということである。しかし両者ともに逆効果を完全に免れることはない。

社会関係資本の隘路

言うまでもなく、良い目的でも悪い目的でも利用され得る資源だという点では、社会関係資本は唯一無二のものではない。フクヤマが指摘するように、物的資本がライフル銃のように武器の形態をとることもあれば、政府が拷問を職務とする者たちの人的資本に投資する可能性もある（Fukuyama 2001: 8）。さらに、すべての市民組織を善とみるトクヴィル派の前提が、普遍的に共有されているわけではない。たとえば、ムッソリーニのファシズム運動には、イタリア市民がきわめて高い水準で関与していた。また、情報を広く保有するアクティブな市民が、特定の市民活動には関与しないと決断することもある。イギリスの政治学者からなる研究チームは、アメリカ政府への信頼度が低下したと過剰な懸念を示しているパットナムを批判し、政府への低信頼が社会関係資本や教育の高い水準と関連するのはもっともだと示唆している(Maloney et al. 2000: 217)〔訳注4〕。このことから、つながりを常に前向きなものとはみなせないという事実は、もはや明白である。社会関係資本は、良い結果だけでなく、時に、負の結果に貢献してしまうに違いない。そして、不平等を生み出し続けるより大きな構造の一部を担っている場合が多い。

ひとつの概念としての社会関係資本はこれまで、高い規範性を獲得してきた。近年の議論のなかで流布する社会関係資本のイメージは概ね肯定的であるが、肯定派のなかには、自分たちの主張と食い違うエビデンスを無視する傾向もある。たとえば、フクヤマとパットナムはともに、社会関係資本を経済的な業績と関連づけるエビデンスを数多く提示している(Fukuyama 1995=1996; Putnam 2000=2006)。しかし、中国やブラジルは、信頼と市民組織の水準が低いことで知られているが、にもかかわらず、飛躍的な経済成長を遂げている。それとは対照的に、ドイツやイギリスといった信頼度の高い社会では、グローバル化の進む資本主義が要求する柔軟性と機敏性に適応するにあたって、重大な問題に直面している。そこで次章では、新たな社会秩序における社会関係資本の適用可能性について検討していくことにしよう。その際、本章で論じてきたように、人脈が諸刃の剣であることを念頭に置く必要がある。

第4章　インターネットは社会関係資本を破壊するのか

現代の決まり文句のように広く知れわたっている考え方だが、今日の私たちはかつてないほどの激動の時代を生きている。そこでの変化はしばしば広範囲にわたっており、本書が論じているような関係性を包含している。ウルリッヒ・ベックとアンソニー・ギデンズという代表的な社会学者の二人は、家族や国民国家、民族、階級、仕事といった、西欧の産業社会を支えてきた集団アイデンティティと意味の源泉を蝕む後期近代の数ある諸力のひとつがグローバルな情報技術だとみている（Giddens 1991=2005; Beck 2000）。この意味において『孤独なボウリング』は、個人主義の拡大と社会関係の個人化の副産物として理解できるのではないだろうか。

一見すると、より開放的で柔軟な世界では、人々のつながりはもはや重要性を失うのではないか、と考えたくもなる。しかしよく考えてみれば、少なくとも、その逆の可能性も然りである。カタルーニャの社会学者であるマニュエル・カステルによれば、私たちはネットワーク社会を生きており、そこではあらゆる種類の固定的で直接的な関係が、「ネットワークのネットワーク」と呼ばれる開かれた調整システムに取って代わられている（Castells 1996）。こうした状況では、厳しい時代に生きる私たちを支えてきた緊密なつながりを維持しつつも、既存の人脈を越境しながら行動する能力がますます重要になってくる。そこで本章では、とりわけ重要な観点として、デジタル・ネットワークの高まりと、それが社会的紐帯に与える意味に焦点を当てる。インターネットは、人々の対面での交流に対する依存を減らしているのか、それともコミュニケーションを補完する手段を提供しているのだろうか。また、インターネットによって親密な関係や家族関係が損なわれているのか、それとも私たちは遠隔でも親密な紐帯を維持できるようになっているのだろうか。このような問いに答えるにあたって、古典的な著者たちに解答を求めることはできない。なぜなら、ツイッター（Twitter）やフェイスブック（Facebook）をはじめとする主要なSNSのプラットフォームが登場したのは、ピエール・ブルデュやジェームズ・コールマンの時代が終わり、そしてパットナムが『孤独なボウリング』を出版した数年後のことだからだ。とはいえ、もしパットナムの指摘が正しいならば、新しいSNSは、社会関係資本の水準がすでに急落していた頃に誕生したことになる。以下ではまず、パットナムの主張をもう少し精査してみよう。

パットナムの命題――コミュニティの崩壊

パットナムはSNSの発展を不安視している一人であり、それによってアクティブ・シティズンシップの基盤が弱体化することを危惧している。彼はアメリカの社会関係資本の総量が減少している事態を以前から憂慮していたのだが（Putnam 1993a=2001, 1993b=2003, 1995）、その後の『孤独なボウリング』のなかで、ボランタリーな組織への参加率、投票率、新聞の購読、相互扶助、そして社会性の水準すべてが低下している事実を示す膨大なエビデンスを提示した。

さらに彼は、信頼（trust）と信頼性（trustworthiness）[訳注5]が長期にわたって低下しているというエビデンスを含む調査結果も示した（Putnam 2000: 137=2006: 159-160）。これらに基づいてパットナムは、「アメリカ人の大半において、二十〜三十年前よりも、コミュニティとのつながりが弱くなっている」（Putnam 2000: 180=2006: 218）と結論づけている。

パットナムは多種多様な情報源から得た山のようなエビデンスを提示して、自らの主張を正当化している。しかし、その主張には議論の余地があることもたしかである。一九八六年から二〇〇四年までのアメリカ全五十州を対象とした最近の多因子調査によると、社会関係資本の傾向は州ごとに大きく異なっており、多くの州では減少傾向にあるのに対し、一部の州では逆に著しく成長していることが明らかになった（Hawes et al. 2013）。他にも、厳密な分析をおこなったエイプリル・クラークは、パットナムがいう社会関係資本の全般的な衰退という命題と、その理由が世代交代にあるとする説明の両方を検証しようとした。その結果によると、インフォーマルな社会性の水準全般には経年変化がほとんどみられず、一九八〇年代から一九九〇年代にかけて市民組織への参加と信頼の水準が徐々に落ち込んではいたものの、このことは世代交代とは関係がないようであった（Clark 2015）。また、初期のパットナムを批判した論者の一人は、信頼の水準が年単位で大きく異なっており、宗教的ないし政治的な不祥事が起きた直後は特に、信頼が急落することを示している（Paxton 1999）。彼女は、「特定の出来事に関連して制度への信頼を損ねるような衝撃の存在を説明モデルのなかで加味したとしても、制度への信頼が低下しているとする一般化可能な知見は確認できない」と結論づけている（Paxton 1999: 118-119; Clark 2015: 589-590も参照）。

アメリカのなかで社会参加が衰退していることを仮に認めるとしても（これにはまだ異論も残されているが）、アメリカの傾向は典型的とはいえないかもしれない。時系列の変化を測定できる信頼性の高いデータを持つヨーロッパでは、パットナムがアメリカのデータを一般化しすぎていたと主張する研究者もいるからである（たとえばHall 1999; Stolle and Hooghe 2005）。彼らは一般的な衰退パターンではなく、もっと複雑なパターンを追跡しており、それは時間の経過とともに変化し、異なる集団間でも変動する。さらに、その後の研究によって、ヨーロッパにおける社会関係資本の多様な傾向が確認されている。サラチーノとミクッカが「世界価値観調査」と「欧州価値観調査」のデータから発見した信頼の傾向によれば、他者や公共サービスや国軍への信頼には正の傾向が、グループや市民組織への参加、および政治的組織への信頼には負の傾向が、そして、市民の連携と、労働組合や報道機関など、いわゆる「市民に力を付与する機関」（empowering institutions）と称される組織、それに教会に対しては上記二つの混合傾向がみられた（Sarracino and Mikucka 2016）。

パットナムの命題を立証するにあたってサラチーノとミクッカが分析領域のひとつにしているのが、組織的なボランティア活動である。しかしこれもまた、一見すると複雑な様相を呈している可能性がある。イギリスを例にあげると、組織内のばらつきだけでなく、多様な組織のあいだにも相当なばらつきがある。そこでは、環境団体のような比較的新しい組織が、伝統的な労働団体や婦人会の減少を埋め合わせている（Hall 1999: 421; McCulloch 2013も参照）。またドイツのデータをみると、ボランティア活動の数はわずかながら明らかに増えた反面、他の大多数のヨーロッパ諸国と同じように、政党の活動や一般的な政治活動に参加した人数は減っており、特に若者のあいだで顕著であった。最も増加していたのは、ボランティアのなかでもインフォーマルなボランティア活動、急速に拡大する自助グループへの支援、大衆デモへの参加だった（Heinze and Strünck 2000: 189-191; Rucht 2010: 4）。

この話題から離れる前に、パットナムが使用した指標のなかには、他の学者から疑問視されているものがある点も指摘しておく。これは部分的には定義の問題であり、また、信頼を社会関係資本の構成要素とみなすべきか、それともその結果とみなすべきかという問題でもある。たとえばパクストンは、投票は、社会関係資本の一部ではなく、結果とみなすべきではないかと指摘している（Paxton 1999: 90）。信頼に関する調査データに対するパットナムの依存性もまた、議論を呼んでいる。とりわけ信頼などの質問項目は、人によって意味解釈が異なるかもしれないからである（Glaeser et al. 2000: 815）。さらにいうと、態度と行動は一致しない場合が多い。そのため、アメリカや他のいくつかの国で報告されているように、信頼の水準が全体的に落ち込んできているらしいと言及することは重要だが、それと同時に、信頼のような微妙な問題を扱う際は、その調査データは曖昧の域を出ないものだと認めることも重要である。

これまでのところ、市民参加については、まだ陪審員が議場にて審議中のようだ。アメリカの地域社会の状況に関するパットナムの主張は、市民参加と私的な交友の面では比較的高い説得力があると思われるが、そのパターンは彼が主張するほど一様ではない可能性がある。反対に、ヨーロッパでは市民参加とインフォーマルな社会性がともに、相対的にみて活発なようである。さらに、ある特定の出来事が信頼の水準に強い影響を及ぼす場合もあり得る。たしかに、パットナムの信頼に関するエビデンスはきわめて示唆に富み、他のいくつかの国における展開にも沿うものである。しかし、それらはそもそも曖昧な調査エビデンスから導き出されているため、これらの知見は決定的とまでは言い難い。ここでは、単に地域への参加が減少したというよりも、人々が参加を表明する方法に変化の兆しが現れている可能性が高い。

パットナムは、アメリカの地域社会が長期的に衰退している主な原因はテレビの悪影響にあると非難し、「これまで筆者が見つけたなかで最も一貫した唯一の予測変数」（Putnam 2000: 231＝2006: 280）（強調は原著者による）だと言明した。彼は、テレビが社会関係資本に深刻な影響を与える理由は三つあると考えている。第一に、テレビによって時間が消費され、人々は家に引きこもるようになる。第二に、テレビは人々の受動性と「無気力」を助長する。第三に、多くのテレビ番組の内容は、反市民的になる傾向がある。テレビのニュースを定期的に視聴する人は、一般的な市民と比べて社会参加に積極的であるかのように映るが、実際のところ、アクティブ・シティズンシップと、ゲーム番組やトークショー、連続ドラマの定期的な視聴とのあいだには負の相関がみられる（Putnam 2000: 237-243=2006: 287-295）。無論、この主張が正しいとすれば、社会関係資本はテレビが普及しているあらゆる場所で同じように損なわれているだろう。しかし、ホールの指摘によると、イギリスでテレビを見て成長した世代は、戦時中に育った人々と比較して、地域社会との関わりが低いわけではない（Hall 1999: 433-434）。

テレビこそがパットナムにとっての主犯だとすれば、彼は、世代交代による影響も非難している。とりわけ彼は、社会参加に積極的な「長期にわたって市民的な世代」のアメリカ人たちが徐々に姿を消していったと指摘する。この世代はおよそ一九一〇年から一九四〇年のあいだに生まれ、世界大恐慌と第二次世界大戦により平準化と統一化の経験を共有した人々である（Putnam 2000: 254=2006: 309-310）。その後のベビーブーム世代は、一九五〇年代後期から一九六〇年代のあいだに成長期を経験し、地域社会への強い信念を表明することも多いが、社会参加に意欲的な人の数は親や祖父母の世代よりもはるかに少なくなっている（Putnam 2000: 257=2006: 313-314）。その次に続くX世代は、パットナムからすれば「個人主義の傾向を加速させた」人々であり、フォーマルな市民組織への参加にも、家庭内の娯楽や家族との食事のようなどちらかというとインフォーマルで緩やかな組織的活動にも、見切りをつけている（Putnam 2000: 259-266=2006: 315-325）。

しかしここでも、パットナムの知見は課題を突きつけられている。たとえば、アメリカの総合的社会調査（ＧＳＳ）のデータを用いた最近の分析によると、一九二〇年代から一九三〇年代前半に生まれた人々は他の年齢集団よりもフォーマルな市民組織に参加する傾向が強かった一方で、信頼の程度は低かった。若年集団のあいだでは、近隣住民とのインフォーマルな交流は減少したものの、近隣区域の外にいる友人とのインフォーマルな交流は増加したことなどが報告された（Schwadel and Stout 2012）。また、ホールがイギリスにおける組織加入を世代間比較したところ、ベビーブーム世代は、戦間期世代が同じ年齢であったときとほぼ同じ数の団体に所属する傾向にあったことが明らかにされている（Hall 1999: 430）。さらに、イギリス階層調査の報告者たちは、社会的なつながりが年齢によって「比較的変わらない」ことを発見したのだった（Savage et al. 2015: 154-155=2019: 143-145）。

ＳＮＳは社会関係資本を壊しているのか

ＳＮＳのような新しいメディアの登場が人々の社会関係資本に何ら一切の影響を及ぼしていないなどということがあれば、驚嘆である。私たちは、これらのメディアがいかに新しいものであるのかをつい忘れがちになる。一九九二年十二月三日に史上初のショートメッセージが送信されたが、それより前に、ジェームズ・コールマンは亡くなった。マーク・ザッカーバーグがフェイスブックを立ち上げたのは、パットナムが『孤独なボウリング』を執筆した五年後のことである。さらに、「ハイパーリアリティ（超現実）」の提唱者であるジャン・ボードリヤールが亡くなったのは、ツイッターがまだ黎明期にあった頃である。こうした理論家たちのなかでパットナムだけが、社会関係資本とデジタル文化の相互作用を考察できる立場にあったのだが、彼はこの問題について深く立ち入ることをしなかった。彼は『孤独なボウリング』のなかでインターネットについて簡単に触れている。そこでは、影響力を見極めるには時期尚早だが、シティズンシップよりもむしろ孤独を助長する可能性が高いと言及していた（Putnam 2000: 172-177=2006: 205-213）。フクヤマはさらに踏み込んで、まだ日が浅いながらも、インターネットは共有された信頼を蝕んでいると主張していた（Fukuyama 1995: 25=1996: 61-63）。また、デジタル文化研究を先導したシェリー・タークルは、オンラインの交友関係は友情を必要とせずに仲間であるかのような幻想を抱かせ、対面での交流を通して学ぶことのできる相互関係を欠落させるとともに、プライバシーをも損なう点に警鐘を鳴らしている（Turkle 2011=2018）。

以上の説明に鑑みると、インターネット時代における社会関係資本の展望は明らかに暗い。しかし、最近の研究をみてみると、オンラインの社会的活動は対面でのつながりと同質であり、一般的に対面のつながりを強固にすることが示されている。インターネットの使用と社会関係資本に関する諸研究のレビューのなかで、バーバラ・B・ネヴィスは、現在までのところ、楽観的な見方を支持する体系的エビデンスのみが得られていると結論づけている。その見方とは、インターネットが「社会的人脈を下支えするだけでなく、一般的な情報や資源を提供することによっても、社会関係資本に寄与しているようだ」というものである（Neves 2013: 607）。つまり、この効果が負の結果をもたらすとすれば、それはインターネットに本質的な原因があるためではなく、社会関係資本がもつ隘路の特徴に起因すると考えられるのである。

今日まで、ツイッター、インスタグラム（Instagram）、そしてフェイスブックといったＳＮＳと社会関係資本の関係でも、概ね同じことがいえるだろう。各国のフェイスブック利用者を対象とした多くの研究では、オンラインでの活動状況と、橋渡し型および結束型の社会関係資本との関連が示されている（Ellison et al. 2007; Vitak and Ellison 2013; Neves 2013: 606-607も参照）。オンライン活動と市民参加とのあいだにほとんど、あるいはまったく正の相関がないと報告する研究においてでさえ、ＳＮＳによって私たちが社会性の乏しい孤独な人間になっているという主張はほとんどみられない。たとえば、二〇〇八年のアメリカ大統領選挙でフェイスブックが担った役割をめぐる誇大報道の研究結果によると、マスメディアはオンライン選挙運動の規模と影響力を誇張していたものの、実際にフェイスブックで選挙運動をした者たちは、オンライン以外の場所でも政治的に活動していた人々であった（Carlisle and Patton 2013）。

現時点で、安く、速く、なおかつ効率的に人脈を維持できるという事実を含めて、ＳＮＳの恩恵は、その弊害を上回っているようである。しかし、これで問題が終わるとは思えない。ＳＮＳが私たちの関係性に及ぼす潜在的な負の側面は、次のように、周知のとおりである。たとえば、インターネットにアクセスできない人は排除され、科学技術が匿名性と不正行為を可能にする。また、人々はオンラインの交流を選り好みしやすく、ＳＮＳでの議論は憎悪と敵対心を加速させる（Jaafar 2014）。とはいえ、前述したタークルの懸念は誰もが知るところである一方、ほとんどの利用者はインターネットに非常に精通しており、オンライン・コミュニティの本質を熟知していることがわかっている。世界価値観調査の「信頼」に関する標準的な設問をインターネットに適用して尋ねたところ、多くの人々は一般社会への信頼と比べて顕著なまでにインターネットを信頼できないと回答している（Green and Carpenter 2011）。また、フェイスブック利用者を対象にした最近の調査によると、個人情報を「友達」と共有することでより大きな社会的支援を得ていると同時に、プライバシーに対する懸念が個人情報の開示意思を抑制していると報告されている（Vitak and Ellison 2013）。

定量的エビデンスの大半は、オンラインでの相互交流が対面での関わりを充実させ、さらにはその不足分を補完することもできるという見方を支持しているようだ。しかし少なくとも次の二つの点には、留意する必要がある。第一に、その研究成果のほとんどは調査データの単純な統計分析に基づいており、オンラインの相互交流と対面のコミュニティがなぜ関連するのかを説明していない。両者の関連は、他の要因から生じている可能性も残されている。たとえば、インターネット利用者と市民活動の参加者はともに、相対的にみて高学歴で高所得の傾向があるが、この二つの変数が個人のネットワークへのアクセスの良好さと関連することは、他の研究からも判明している。また、インターネットを過度に使用していると、対面の出会いに時間を割けない可能性もあるため、集計データをさらに解析していく必要もあるかもしれない。

第二に、オンラインでの交流が一体何をもたらすのかをまだ理解できていない。当然ながら多くの憶測や噂はあるが、これは、ほとんど手つかずの研究領域である。オンライン・ネットワーク上のネットワークによって生成される社会関係資本の種類について、実際のエビデンスはない。そのため、オンラインでの人間関係は対面での交流によって生成された人間関係とは異なる効果をもたらし得ると考えるのが賢明だろう。まさにこうした見解を持つバーバラ・ミズタルは、コミュニケーションの曖昧さを減らし、相互知識を増やすうえで重要な役割を担うのが共存感覚であり、さらに、身体の不在こそ、親密で局所的な紐帯の限界を克服する一助になると主張している（Misztal 2000: 135-136）。またアーリは、密なネットワーキングに関して、仮想空間での相互作用が「身体的な移動」を代替することはほとんどないと論じている。なぜなら、特に社会関係資本を作り出すような、ある種の社会的相互作用を盛んにするためには、「断続的な共存感覚」が必須だと考えられるからである（Urry 2002）。

現時点では、インターネットが社会関係資本に悲劇をもたらすというディストピアのような不安は杞憂にすぎないと思われる。オンラインでの相互交流と対面での人間関係が相容れないという原理的基盤は存在せず、それを示す実質的エビデンスも示されていないようである。むしろオンラインでの交流は補完的であり、人々が、既存のネットワークを拡張させながら、対面でのつながりを豊かにしたり構築したりするのを可能にしているようにみえる。ただし、インターネットがまったく新しい形態のアクティブ・シティズンシップの基礎になることを示唆するエビデンスもない。カステルが予言したように、インターネットが社会空間の開放に寄与しているのであれば、それは巨大な区域内で一様に進んでいるというよりも、むしろ、不均等に漸進している。そのため、インターネットを、社会関係資本のこれまでの蓄積を破壊しかねないまったく新しい出発点として捉えるのではなく、ある種の社会的結束（特に職場や近隣、近親者とのつながりに基づくもの）を侵食し、より開放的につながり、緩やかに結びつきながら、関わりの一時的な形態へと転換させる、多くの諸要因のひとつとみなすほうがよいかもしれない。

液状化する社会の社会関係資本——縛られない友人関係へ

道路地図のように、社会生活のなかで固定された座標は、人々に安心と安定を提供する。同時に、フォーマルな組織は、固定された規則によって縛られるしかなく、インフォーマルなネットワークの柔軟性と感受性を欠いている（Rose 1999: 150）。柔軟性への転換と、階層と権威の全般的破壊が顕著な状況では、社会生活における固定的な座標はあまり意味をなさなくなっている。ジグムント・バウマンの著作『リキッド・モダニティ』によると、あらゆる組織や個人は移動を続ける遊牧民となり、遊牧民になることのできる人々は観光客のように生活を柔軟に往来できるが、それができない場合は、時代遅れの無価値なものとして見捨てられてしまうという（Bauman 2005=2008）。特にリチャード・セネットらからすれば、こうした傾向は危険であり、私たちの人格の構造そのものが解体され、自らの人生におけるうわべだけの劇作家へと変えてしまう恐れがある（Sennett 1999=1999）。これは、社会関係資本の死を意味するのだろうか。それとも、社会的な行動を調整するメカニズムが他にないなかで、ネットワークの新しい役割を示唆しているのだろうか。

要するに、ポストモダンの状況は社会関係資本にとって不都合であると同時に、好都合でもある。本章では、自助グループの台頭など、小規模でインフォーマルな形態の市民参加が発達していることを、多くの国々から得たエビデンスによって実証的に示してきた。これらのグループが人々を魅了するのは、単なる手段的な理由のみならず、（専門的な知恵に挑戦する機会を含む）自己決定の機会に開かれており、人々に自律的な関与を許容するからである。また、人々は「アイデンティティに関連する」（Heinze and Strünck 2000: 202）つながりへのアクセスを手にすることもできる。それは、すべての構成員が特定の問題や課題に関する共通の経験に依拠して参加できるからである。より一般的には、独特の生活スタイルに焦点化した利益コミュニティにおいて、多種多様なネットワークへのアクセスを頻繁に提供している。たとえば、生活場所を転々とするゲイやレズビアンたちは、新参者として知り合いがまだ誰もいないときであっても、共通の性的嗜好に基づくネットワークに比較的容易にアクセスできることが多い(Hill 1996)。

本章で取り上げたエビデンスは、社会関係資本の水準が低下しているという一般的な傾向を反映しているようにはみえない。むしろ、社会関係の個人主義とアイデンティティの再整形の普及によって、人々の関係性の性質と意味が変化しているということを広く立証している。キルホファーは、個人について、強烈な皮肉を込めて次のように主張している。

> 社会的ネットワークは、個々人の社会的形成を個別化するうえで重要性を増してきている。伝統的な集団構造は腐食しつつあり、目に見える具体的な社会的ネットワークに置き換わってきている。(中略)小さな構造は、関連する主観的な社会構造を提供し、それらは選択の空間であり資源の供給源となっている。
>
> キルホファー(Kirchhöfer 2000: 15)

この見方に立脚するなら、より開放的・流動的で一時的な形態の社会関係資本への移行は、社会文化的な変化のより広範な過程の一部だといえる。繰り返しになるが、カタルーニャの社会学者であるマニュエル・カステルは、私たちが生きるネットワーク社会では、あらゆる種類の固定的で直接的な関係が「ネットワークのネットワーク」と呼ばれる開放的な調整システムに取って代わられていると主張している（Castells 1996）。社会関係資本の概念は、こうした状況に、特に適しているように思われる。

第5章　社会関係資本の政策と実践

学術的な思考が広い世界に影響を与えることは滅多にない。数えきれないほどの理論や概念が、定式化され、体系化され、議論され、適用され、批判され、評価されて、埃だらけの思想史アーカイブに消えていくことになる。しかし社会関係資本は違う。この概念が突如として社会科学の分野で脚光を浴びるようになったことで、より多くの人々の関心を集めている。たとえばテレビが「犯人」であり、ピクニックや合唱団が解決策となるなど、パットナムは、記事に見出しをつける記者たちに、鮮やかで容易に大衆の注目を集められるような表現を次々に提供した。この概念の学際的な特徴は、異なる学術的専門知識を持つ学者たちの幅広い連携をもたらした点にある。もちろん彼らは、保健、治安、復興、団結、雇用、教育の達成度など、政策立案者にも関わる諸問題にも焦点を当てている。ネットワークや共有された規範を資本の一形態として扱うことで、この考え方は、経済学者のあいだでも共鳴を得て、通常は閉鎖的・クラブ的な世界である真面目な政策論議への扉を開いた。

本章では、政策手段としての社会関係資本をめぐる継続的な議論を紹介する。一九九〇年代後半から、この概念は、世界銀行（Narayan and Pritchett 1999: 284-290; Bebbington et al. 2006）や経済協力開発機構（OECD 2001a; Schuller 2007）など、多くの影響力のある政策立案機関によって取り上げられた。両組織とも社会関係資本に関心を抱いた主な理由は、人的資本投資のアプローチを補完することだった。また、いくらか関連はするものの、かなり異なる強調点が、オーストラリア、イギリス、カナダ、アメリカから集まった中道および中道左派の政策立案者たちを惹きつけた。彼らは、社会的包摂とコミュニティの結束を促進する手段として、社会関係資本概念を発展させることに関心を抱いたのである（Dhesi 2000）。

実際のところ政府の関心は社会関係資本の測定とモニタリングのほうに集中しており、社会関係資本の醸成に多くの労力を割くことのほうではなかった。本章では、特に政策的介入が当初意図したものとは逆の結果を生む高いリスクを孕んでいる点を考慮しながら、なぜ社会関係資本が政策の焦点となるのかを検討することからはじめる。それから、測定の問題を検討し、なぜそれが政策コミュニティの関心事になっているのかを問う。次に、社会関係資本の概念を政策目的で事業化するための試みをいくつか検証する。最後に、複雑で矛盾に満ちた不確実な領域に留まっている政策展望について考察する。このような状況下では、政策の道具であり目標でもある社会関係資本の将来は、どうしても未知数のままである。

社会関係資本のための政策を開発する理由

「社会関係資本への積極的な介入は非常に強力である」（Halpern 2005: 285）。イギリス労働党政権の政策顧問を務めた学者、デイビッド・ハルパーンはそう結論づけた。パットナムは、自身の考えを政策的に活かすことにためらいを感じていなかった。一九九〇年代初頭にも、クリントン政権の失業者に対する職業訓練プログラムが、地域団体、学校、経営者、労働者のあいだに新たなつながりを作ることで補完されれば、はるかに効果的になると主張していた（Putnam 1993b: 39=2003: 194-195）。『孤独なボウリング』には一章分の政策提案が盛り込まれているが、そのほとんどが政策立案者よりも読者や幅広いコミュニティに向けたものとなっており、この点は言うまでもなくパットナムの考えを体現したものである（Putnam 2000: 402-414=2006: 497-513）。コールマンは政治的介入の可能性についてより曖昧で、社会関係資本への過少投資がリスクを生じさせることを認めつつも、人々の私的な関係への国家介入が問題を悪化させることを危惧していた（Coleman 1994: 312-313=2004: 489-490）。

社会関係資本構築のためのいかなる介入もすべきではないと考える人が存在する。この概念が、不平等の構造的要因と潜在的唯物論者から注意をそらすために、多少なりとも意図的に使用されてきたという主張もある（Muntaner et al. 2000; Fine 2010）。フーコー理論と批判理論を援用するミッチェル・ディーンにとって、パットナムは、マーガレット・サッチャーとほとんど変わらない。参加を促進するための施策が「シティズンシップを製造する技術として狡猾である理由は、『個人』の自由の行使と自己責任を利用するため」である（Dean 1999: 152-168）。一部の論者は、「資本」という言葉を使用することの内実をあばいている。「資本」の使用は、資本主義的関係の特徴である利害対立を軽視するために、議論の限界がそれらの関係のパラメーターに内在されていると認めることになる（Blaxter and Hughes 2000）。マキシン・モリニューは、新たな開発課題の背後にジェンダーに基づいた前提を見出し、それを強く批判した。そして、女性の権利に関する課題は、社会関係資本を中心とした政策とは相容れない場合が多いと論じている（Molyneux 2002）。

同様に、懐疑的な見解は、新自由主義的立場の著者によっても表明されている。ゆえにフクヤマは、活動の一部については市民社会に任せるのが最善であると警告している。過剰な国家介入は、「社会関係資本に深刻な悪影響を及ぼす可能性がある」のである（Fukuyama 2001: 18）。たしかに、市民参加などの分野に政府が介入することによって、個人の自由が侵害されるとすらいえるだろう。しかし彼は、ビジネス界における縁故主義やカルテル、あるいは特定の特権的な民族やジェンダーのキャリアを優遇するためのネットワーク利用など、明らかに否定的な形態の社会関係資本への介入を決定する権利を政府が持つことについては、認めている。同じような文脈で、フレディは、ボランティア活動を促進するために設計された政策が、結局はボランティア活動の意義を低下させることになると言及している。これはつまり、誘導策の存在によって、人々は、他人のために奉仕したいという願望からではなく、自己利益のために行動するようになるからである（Furedi 2002: 24-25）。

負の効果もしくは逆効果を含め、政府による介入は意図しない結果になる見込みが高そうである。言うまでもなくこれは多くの政策分野に当てはまることだが、特に社会関係資本の促進には困難を伴う。その理由のひとつは、社会関係資本を促進できるかどうかが国家機関以外の行為者たちに依存しており、市民社会の関与によってのみ構築されるという事実にある。つまり、政策は距離を保って執行されなければならず、パートナーや仲介者を介して機能することになる。彼らは予期しない方法で行動する可能性がある。たとえば、ボランティア団体に助成金を提供してボランティア活動を促進しようとする政策は、その助成金を申請する人たちのあいだに協力よりも競争を促し、市民活動家を有償の専門家に置き換えてしまうことにもなる。また、ボランティア団体をサービス提供者として動員すべく設計された政策は、社会関係資本を育成する能力を誤って抑制し（Lowndes and Wilson 2000: 641）、ボランタリーな行動に望ましくない制約を課すことで社会関係資本の発展を阻害するかもしれない（Dhesi 2000）。

政府による安定的な行動を支持する人々でさえも社会関係資本の一部の側面には行き届かないと認めているが、それは、社会関係資本の生成に歴史的・文化的な要因が少なからず重要だからである（Performance and Innovation Unit 2002: 53）。ラルフ・ダーレンドルフは、共産主義崩壊後の中欧・東欧にて効果的な市民社会を構築するための課題を検討した結果として、最低でも二世代が必要であると結論づけた（Dahrendorf 1990=1991）。他にも、制度を構築する政策の影響は永続的で持続可能であるにもかかわらず、その影響が人々に実感されるまでには「数世代を要する可能性がある」と認識されている（Maskell and Törnqvist 1999: 77-79）。これは民主主義社会の政治家の大半にとって、あまりにも長すぎる時間である。

ゆえに社会関係資本のための政策策定は途方もなく複雑な挑戦である。しかし、政府による介入を支持する主張は多岐にわたる。第一に、最も直接的には、社会関係資本を通じて資源にアクセスできる能力が、その人の人生のさまざまな機会を大きく左右するという事実がある。国家による資源分配への介入がより一般的に、たとえば保健衛生や教育などの領域で期待される限り、社会関係資本は政策の道具となる。したがって社会関係資本を促進する政策は、より広範なコミュニティのウェルビーイングに直接影響を与えることができる。また、社会関係資本には一定の効果があるため、何もしなければそれ相応の結果が現れることになる。

第二に、政策決定がすでに社会関係資本に影響を与えている。ある公式の報告書には、イギリスで有益な社会関係資本を蓄積するのに貢献しているとみられる既存の七つの政策およびプログラムが列挙されており、そのなかには、ボランティアセクターへの支援、企業セクターのクラスター化の促進、学校でのシティズンシップ教育などが含まれている（Performance and Innovation Unit 2002: 57-58）。さらに言えば、当然ながら、社会関係資本を促進するための施策を策定する際にも、政策立案者はまったくの白紙状態からはじめるわけではない。

第三に、社会に存在する他の行為者たちも、社会関係資本の重要性を認識している。もし公共政策が彼らの行動とそれに伴う結果を無視するならば、これらの行為者たちは望ましくない方法で社会関係資本を利用するかもしれない。実際に多くの公共政策は、明らかに、人々が不適切に人脈を利用することを抑止するべく設計されている。多くの国では、労働法によって特定の民族グループの採用を制限することを不当だとして禁止しており、また、イギリスの政治家や上級公務員は、潜在的影響への公的懸念から、フリーメイソンの会員である場合には申告が義務づけられている。

第四に、社会関係資本の考え方は、政府が不利益層赤字モデルから脱却するのに役立つかもしれない。経済成長、健康増進、教育の平等、復興、コミュニティ開発などをテーマとする多くの主要な先行研究では、教育やスキルや「品行方正」な態度などにおいて何らかの欠陥があるのは不利益層の人々であり、したがって彼らを変容させる必要を示唆する傾向がみられる。対照的に、社会関係資本の考え方ではコミュニティに既有の資源が強調されるため、外部組織がどう機能し、それらとどう相互作用するかに注力することができる（Hibbitt et al. 2001: 159; Woolcock 2001: 15; Poortinga 2015）。それは介入の基盤としてのパートナーシップに対する政策コミュニティの関心に非常に合致し、ゆえに、最も恵まれない人々が戦略的パートナーシップから排除されないよう保証する基盤を提供することができる（Durose and Rummery 2006）。

第五に、「市場の失敗」による危険性の高さである。ハルパーンによれば、教育や職業訓練と比較して、社会関係資本は、ほとんどすべての人に利益をもたらす一方で、フリーライディング（ただ乗り）に脆弱であるがゆえに、系統的な過少投資に陥りやすい（Halpern 2005: 285-286）。実のところ、私がさらに踏み込んで主張したいのは、仮に物事がただ市場の力にのみ委ねられるとすれば、一般的な過少投資の傾向のみならず、社会関係資本における不平等の拡大に直面し、インサイダー主義が蔓延する可能性もあるという点である。

最後に、多くの市民が社会関係資本の侵食を懸念しているという証拠もある。コミュニティへの関心は、特権階層よりも不利益層の人々のあいだで広がりをみせている。なぜなら、おそらく、特権階層の人々は自身の利益を守るために他の資源を利用できるからである。しかし彼らの決定は、（ほとんど意図せずに）より広範な社会の社会関係資本を毀損する可能性がある。たとえば、もし富裕層が犯罪から身を守るために壁を作り、武装した警備員を雇うならば、貧困層はいま以上に、多重的に脆弱なスラム街へと追いやられる。

このように、社会関係資本が政策開発の焦点となることを示唆するのには、現実的な理由がある。これは、このような政策を実際に展開するのに本来的に困難が伴うことを否定するものではない。本書では、社会関係資本が多面的で複雑な概念であり、事物ではなく関係性に言及するものであることを繰り返し強調してきた。そのため、政策の焦点としてはとりわけ扱いにくいものとなっている。もちろん、これに限らず、安全保障、正義、抑圧からの自由、人権、さらには生涯学習なども同様に捉えどころのない概念であり、短絡的な扱いはできない。だからといって、政策立案者がそれらを無視してもよいということにはならない。ただし、政策開発のための実践的な基盤が明確である反面、哲学的な基盤は明快になっていない。新マルクス主義的な世界観を抱いている人や、新自由主義的な経済観念を支持する人は、社会関係資本について知ったところで、自身の意志を変えることはなさそうである。彼らのめざすところは別にある。

社会関係資本の測定

社会関係資本を促進すべきという考えに賛同する政策立案者たちのあいだでは、測定こそが課題の中心だという点で概ね合意している（OECD 2001a: 4, 2001b: 39=2002: 61; Harper 2001; Performance and Innovation Unit 2002; Halpern 2005: 286-288; Scrivens and Smith 2013）。問題は、それをどのようにおこなうかである。特にビジネス界においては、社会関係資本の測定を「最終損益」（Prusack and Cohen 2001: 87）を監査するような問題にすぎないと捉える人もいる。しかし、これは見た目ほど簡単ではない。人間関係や共有された価値は地域の事情に深く根ざしており、それらの意味は非常に主観的なものであるため、「社会関係資本に妥当する要因の多くは、暗黙的かつ相互に関係したものであり、測定や体系化は容易なことではない」（OECD 2001b: 43=2002: 69）のである。

「社会関係資本の測定は難しい」というのは、ＯＥＣＤが率直に述べているとおりである（OECD 2001b: 43=2002: 69）。困難な点のひとつは、潜在的な測定指標が非常に幅広く存在し得ることであり、そのすべてが各々にこの概念の異なる次元を指し示している。トム・シュラーが強調するように、社会関係資本が特定の文脈のなかに埋め込まれ、その状況に強く依存している場合には、個人・家族・近隣地域・組織・国家といったさまざまなレベルの社会的単位の特性を測定する社会関係資本の指標を「まとめる」ことには危険性が伴う（Schuller 2000: Whitehead and Diderichsen 2001も参照）。一人のイギリス政府アドバイザーは同様の結論に達しつつも、政治家が容易に理解し適用できる、「早かろう悪かろう」のシンプルな指標を要望している（Harper 2001: 14）。しかし、一部の指標を選択することにも大きなリスクがある。社会関係資本の重要な側面を示す指標のいくつかを除外することになるためである。

たしかにデータには事欠かない。パットナムは『孤独なボウリング』のなかで、フォーマルとインフォーマルの両面での団体活動や信頼度を十四項目に分けて、複合的な指数を考案した（Putnam 2000=2006）。二〇〇一年にイギリスでおこなわれた主要な大規模調査を分析したところ、イギリス犯罪調査（British Crime Survey）、イギリス家計パネル調査（British Household Panel Survey）、イギリス生活時間調査（UK Time Use Survey）など、すでに十八の調査で社会関係資本の主要な要素を展開していることが確認された（Harper 2001: 18-19）。また、測定を試みる調査のなかには、非常に幅広く網羅するものもある。一例をあげると、欧州委員会の調査では、市民生活、ネットワーク、信頼に関するエビデンスを包含するのに留まらず、水道水・空気の質・公共交通機関への満足度までも分析している（European Commission 2005: 9-13）。この分野では、明らかに、焦点を広狭両面からバランスよく当てることが求められている。

多くの研究者は、特に異なる国や地域の状況を比較する場合に、大規模調査データを利用している。一九八一年以来、ロン・イングルハートが主導した世界価値観調査では、信頼に関して以下の質問をおこなっている（World Values Survey 2000）。

一般的に言って、ほとんどの人は信頼できると思いますか、それとも、人との付き合いには十分に気をつけるべきだと思いますか。

その回答は三択となっている。

（1）ほとんどの人は信頼できる。
（2）十分に気をつける必要がある。
（3）わからない。

当然ながら、言語的理由により、この測定はさほど簡単なものではない。非常に単純な例をあげると、ドイツ語の「Vertrauen」という単語は、信頼と信用の両方を意味する。しかし英語版の世界価値観調査では、この二つの主題を別々に質問している。同じ言語圏であっても信頼の定義はさまざまであり、この単語から人々が連想するニュアンスも多様である。同様に、「ほとんどの人」をどう解釈するかも回答者によって異なるだろう。これは決して、世界価値観調査や欧州社会調査（European Social Survey）などの大規模調査の結果を含む定量データの使用を非難するものではない。しかし、測定には問題があることを認めるべきである。

欧州委員会の資金提供を受けてＯＥＣＤが実施したレビューでは、「国際比較を可能にする測定方法において十分なレベルの標準化を達成するためには、まだ多くの進歩が必要である」と結論づけている（Scrivens and Smith 2013: 55）。著者たちは、社会関係資本の各要素を分解し、「個人的関係」「社会的ネットワークによる支援」「市民参加」「信頼と協力の規範」という四つのカテゴリーに分類することを推奨している。これによって、国際的にも地域的にも、集団レベルでのより細分化された描写が可能になるかもしれない。しかし同時に、調査結果がさらに複雑になることも認識しておく必要がある。政策立案者たちは（公平を期すなら彼らを選んだ有権者も含め）、洗練された測定技術では得られないような、多くの人の目を引くような結果を必要としているのかもしれない。

社会関係資本のための政策実施

かつてフランシス・フクヤマが論じたように、政策立案者が社会関係資本の重要性を理解することと、それを生み出すための介入策を検証し具体化することは区別されるべきである（Fukuyama 2001: 17）。世界銀行は、社会関係資本概念を模索し続けており、支援対象のプロジェクトと関連づけながらこの概念に言及している。しかしながら、この十年間、世界銀行はこの問題に関する主要な声明や政策文書を発表してこなかった。一九九六年に開始された社会関係資本イニシアチブは、二〇〇一年の最終報告書の発行をもって終了した（Grootaert and van Bastelaer 2001）。世界銀行は、政策ツールとしての社会関係資本概念を放棄したわけではない。ただ、どちらかというと、新たな介入策を展開するための革新的な方法としてではなく、開発戦略を評価するための標準的な手段として、あるいは社会的な次元から開発の方向性を示す包括的同意として、この概念を扱っている（Hammer 2013）。

同じことが、二〇〇一年の報告書に続いて測定問題に関する統計的作業のプログラムを作成したOECDにもいえる。シュラーは、OECDが二〇〇一年報告書の後に勢いを失ったのは、この概念の部門横断的性質と、二人の主要スタッフの退職が原因だとしている。「特に反対意見はなかった」ものの、この概念を推す強力な支持者もいなかったため、他の優先事項の犠牲になったのである（Schuller 2007: 20）。同様に国レベルでは、政府や企業の執行部にとって、どう策を講じるべきかを見極めるのが困難な場合もある。それは特に、ある部門の所管する分野への支出が、他部門の所管分野に利益をもたらしているような場合である。ゆえに社会関係資本は、部門の垣根を越えた協調行動や、さまざまな非政府組織とのパートナーシップを必要とする「厄介な」問題のひとつである。

それでもOECDはこの概念を参照し続けており、加盟国の行動に影響を与える目的で、測定のためのアプローチを発展させ続けてきた（Scrivens and Smith 2013）。特に生産性の高い分野のひとつが教育であり、ＯＥＣＤは「教育及び学習は、社会協力及び参加につながるような習慣、能力及び価値観を支える可能性がある」と主張している（OECD 2001b: 13=2002: 10）。また、より広い意味で教育と社会関係資本が結びつくのは、社会的学習のプロセスによって協力と互酬性が生み出されるからである（Wilson 1997）。グレイザーが強調するように、教育と社会関係資本に関連が生じるのは、学問的な要素を通してのみならず、スポーツやクラブ活動などインフォーマルな課外活動での出会いを通して、学校や大学での成功体験がより優れた社会的スキルを育むからである（Glaeser 2001: 391）。ただし、社会関係資本の生成に関連性の強い学習の多くは、正規の教育機関の外でおこなわれている。

それでも、既存の実践例としては、以下のような教育活動が社会関係資本の促進に役立つ可能性が高いとされている。

- **世代間学習**――年齢やライフステージの異なる人々が集まり、知識や経験を共有する（Field 2013）。
- **親教育プログラム**――アメリカのヘッドスタート・プログラムなど（Fielden and Gallagher 2008）。
- **児童・生徒・学部生を対象としたサービスラーニング・プログラム**――地域活動への参加や団体

との交流を含む（Knapp and Stubblefield 2000）。

- **学部生のための課外活動やインターンシップ**――社会的コンピテンシーとネットワーク資源を開発する方法として（Stuart et al. 2011）。
- **メンタリング事業**――生徒・学生や起業したばかりの人、新領域の職業に就いた人などに指導や支援をおこない、橋渡し型社会関係資本を創出する（Halpern 2005: 297-299）。
- **ボランティア事業の支援**――広域的な地域活動に効果的に貢献するために必要な知識・スキルの訓練を含む。
- **ポジティブなロールモデルと近隣地域外での活動**――軽犯罪リスクの高い若者のために、非行的なネットワークへの依存を減らし、新しいネットワークを構築するため（Shaw and Travers 2005）。
- **成人学習の適切な機会提供**――成人教育への参加が市民参加や社会的寛容さを促進するという強力なエビデンスに基づく（Field 2012）。

ここでの主要な課題とは、このような介入策が地域の隅々にまで行きわたるようにすることであり、特に、民族、人種、言語の境界を越境する影響力とアクセスのネットワークを橋渡しするのを支援することだろう。最不利益層の人々を対象とした介入策を開発する際の問題点とは、彼らがその介入策によってスティグマを刻まれてしまう可能性である。しかし、彼らが対象にならないとしたら、比較的裕福な人々が恩恵を受けることになる。経験上、これらのバランスを図るのは常に難しいが、しかし、成し遂げられなければならない。

第二の有望な政策分野は、社会的孤立の削減である。一見すると、これは政策の焦点として明白かつ当然のことに思えるかもしれない。孤独がもたらす負の影響については、ほとんど議論する余地もない。端的に言えば、孤独感は、健康、幸福、適応、家族生活、そしてコミュニティのレジリエンスを損なう。この点は、社会関係資本というコインの表裏である。また、社会関係資本の衰退に関するパットナムの論文にあるように、現代の生活環境が、孤独の問題を悪化させているとの意見もある。それは特に、伝統的な社会的支援システムの崩壊によって最も深刻な影響を受けている高齢者などの層で生じている（Hawker and Cacioppo 2010）。そのため、孤立した個人やコミュニティの社会関係資本を向上させることで、政策立案者や、特にその有権者たちにアピールすることが期待できるだろう。一方で、これはもうひとつの厄介な分野であり、そこでは各省庁の責任が分断され不明瞭で、個人を含む非政府アクターが重要な役割を果たしている。

よって、孤独に関する政策立案は、社会関係資本のための政策立案に共通の弱点を多く抱えている。孤独は非常に主観的な状態であり、多くの人々はそれを個人的な問題とみなしている。そして、社会関係資本の場合と同様に、意図しない結果をもたらすリスクがある。さらに、政策的介入によって恩恵を得られる人々の多くは、その介入に加わることで自分が負のレッテルを貼られるのではと不安に思うかもしれない。とはいえ、以下のように、政策立案者は多くの介入策を利用し得る。

- さまざまなライフステージにおいて最も孤立のリスクが高い人々を特定するために、エビデンスを活用する（Victor et al. 2005）。
- （重篤な病気、死別、工場閉鎖、退職など）既存のつながりの喪失を伴う移行期の人々へのサポートを開発する。
- 移民が新しい帰属コミュニティを理解し、そこに参加できるようにする目的の統合プログラム（Saito et al. 2012）。
- 社会的弱者のための自発的なピア訪問や仲間づくりプログラムを推進する（Martina and Stevens 2006）。
- 異なる世代の成員間で集い相互理解を促す世代間交流活動を支援する（O'Sullivan 2009）。
- 家族や友人とのコミュニケーション手段として用いられるSNSに触れる機会の少ない高齢者層などに、インターネット利用を積極的に支援する。
- リスクのある人々のために、認知的資源を維持し、社会性を促進する教育活動を開発する（Jenkins and Mostafa 2015）。

他にも、コミュニティで最も孤立している成員を特定し関わりを持つ方法についてのガイダンスなど、有用な資源も存在する（Campaign to end Loneliness 2015）。

インフラ整備と技術革新を推進する政府の力をもってすれば、つながりを構築するための新しいアプローチを試すこともできる。その実験に適した最もわかりやすい分野は、とりわけ辺境な農山漁村や島嶼のコミュニティで、デジタルやモバイルの技術を応用して人と人とのつながりを構築することである。トロント近郊にある新たなインターネット地区、ネットビル（Netville）の例が参考になる。ここでは、高速インターネットへのアクセスが普及したことで、インターネット未整備地域よりも、近所付き合いが活発になった。さらには、住民が不動産開発業者や地元の通信会社に対するキャンペーンを企画するようにもなった（Wellman and Hampton 1999）。ＩＣＴによって、公の協議が新しい形態で促進され、人々が情報やアイディアを共有しやすくなり、経済取引の障壁が減少し、従前のやり方では排除されることのあったグループ同士がつながりやすくなった（Ferlander and Timms 2001）。さらには、都市計画や住宅整備など、より確立された政策分野においても影響がある。治安・防犯などの分野では、コミュニティがどの程度、地域住民の公共空間での行動に影響を与え得るかが重要な要素となっているようだ（Sampson and Raudenbush 1999）。ここでも、過去の都市計画の意図せざる結果を克服する、革新的かつ実証的なアプローチの可能性が示されている（Sengupta and Sharma 2012）。

次に、社会的多様性と統合の問題がある。パットナムは著作のなかで、民族的・社会的な不均質性（heterogeneity）の問題を取り上げ、移民や多様性の存在は、短期的・中期的には社会的孤立や分断を助長する傾向があるものの、成功した移民社会では新しい形の社会的連帯を生み出すことができたと論じている（Putnam 2007）。ポルテスとヴィクストロムは、多様性と社会関係資本に関する研究レビューのなかで、パットナムの「多民族地域低信頼」（hunkering down）説[訳注6]には「条件つき支持」があると報告している。たしかに多くの研究によって、不均質性が社会的ネットワークおよび信頼の程度を押し下げる傾向があると報告されている。同時に、これは政府の政策、関係する民族グループの具体的特徴、新規入国者の相対的な社会経済的地位によっても影響を受けるとするエビデンスもある。特に彼らは、「影響を及ぼしているのは、多様性そのものではなく、不平等な多様性である」と結論づけている（Portes and Vickstrom 2011: 471-472）。

これらの問題は、イスラム過激派の動きに呼応して欧米諸国で起きた注目のテロ事件と、世界中の多くの地域で影響を及ぼしている移民の増加という、近年の二つの展開によって浮き彫りにされている。この二つの動きは、政策立案者たちに、社会的連帯感をどう生成し、あるいは再生すべきか、そして、多様なグループ間の関係をどのように改善すべきなのかという課題を突きつけている。たしかに、なかには、政治的に最良の方途とは、移民や特定の信仰集団の人々を、社会的連帯の方程式から単純に除外することだと判断する政策立案者もいる。しかし、別のアプローチとして、パットナムが言うところの「シティズンシップ共有の感覚」を促進し、異なるグループ間の社会的橋渡しを進めて、彼らをより広いコミュニティへと巻き込むことをめざす途もある。

欧州連合のような政策機関の多くにとって、移民やその他の人々を統合するための主な手段とは、労働市場を介してである（たとえばEuropean Council 2015）。特にポルテスとヴィクストロムの不平等に関する調査結果を踏まえれば、統合に対するエンプロイアビリティの重要性を軽視することはできない。しかし、それだけでは十分ではない。特に、移民の人々が、職を得るために労働市場で非移民と競争しなければならないとしたら、なおさらである。パットナムは、二〇〇七年に発表した論文で、シティズンシップの共有を促進するために以下のような施策を提案している。

- 「アメリカ人（新旧問わず）が働き、学び、憩い、暮らす場所での、民族を超えた有意義な交流の機会」を増やすこと。
- 英語教育への公的支援を強化し、特に多様な民族的背景を持つ移民の人々と国民との紐帯を促進すること。
- 移民管理局としての役割を求めるのではなく、「移民の市民参加をめざす」最初のステップとして、家族、教会、民族団体などの結束型社会関係資本を活用すること。

パットナム（Putnam 2007: 164-165）

これに追加し得るとすれば、第一に、多様性の利点を推進するうえで、公的機関やその他の影響力ある組織（マスメディアなど）が一貫して建設的な役割を果たすことが助けになる。第二に、移民に対して新しい社会とその言語を教育するだけでなく、「国民」（natives）に対しても、もしくは最低限、市民社会と労働市場の中核的な行為者たちにも、高度に多元的な社会で生きていくのに必要な知識と能力の一部を教育することが必要である。

ここでは、依然として規範と価値の問題が残されている。デイビッド・ハルパーンの最も興味深く挑戦的な提案のひとつは、文化的変化に関するものだ。彼は、現代における道徳的な共有言説、つまり一連の共通理解と相互尊重の生成が必要だと主張している。これが、社会のなかで見知らぬ人同士が協力したり信頼したりするための土台となる（Halpern 2005: 318-322）。歴史の大半において、私たちは、宗教コミュニティへの参加を通して共通の価値観や前提、そして、それらについて語る方法を習得してきた。同時に人々は、その宗教コミュニティのなかで、他の競合するコミュニティの成員に対して自らを定義した。今日では、たとえ組織化された信仰コミュニティに属していたとしても（多くの国では大半の人が該当しないが）、マスメディアや、有名人の文化的影響力に基づくセレブ文化、社会的ネットワークでの交流など、多種の情報源から、相互に対立矛盾する多様な規範や言説に直面することがある。このような道徳的価値を共有するためには、私たちが他者による行為の何に価値を置き、何を尊重するのか、そして私たちがいま以上に市民的で敬意のある生活をはじめるためにどうすればよいのかを熟議すべく、そのための公共空間を生み出し、それを共同して活用しようという意志が必要である（West 2016）。まったくの個人的な話だが、二〇一六年春のケルンでは、教会や他のボランティア団体の人々が公的機関とともに座談会やセミナーなどの場を提供しており、その数と熱意に感銘を受けた。これは、ドイツのウェルカム文化（Wilkommenskultur）の価値を強化し、新来者が当地に逃れてきた経緯を先住民に伝え、ドイツが向かうべき社会のあり方に関する議論に住民が参画するのに寄与した。

明らかに政府は、社会関係資本から恩恵を受けることができる。一九八〇年代以降、ヨーロッパ諸国の政府の多くは、中核的サービスの提供方法として、ボランティア組織とのパートナーシップの構築を模索してきた。この方法が有効な理由のひとつとして、サービス利用者が、ボランティア組織のことを信頼する一方で、公的機関には根深い猜疑心を持っているという単純な事実がある。この点は特に重要である。なぜなら、社会的により強く排除されている個人や集団ほど、相談や能力形成の計画に直面した際に、深い不信感を抱く傾向にあるためだ（Bockmeyer 2000: 2417）。よって、特に、複数レベルの政府や複数の省庁・部局が解決に向けて潜在的関心を抱いているような複雑な分野では、社会関係資本に依拠した政策が、政府の効力を向上させるのに役立つ。

政府は社会関係資本を生成できるか

政策を成功させるうえでの障壁は数多あるが、しかしこれは、関連政策の探索が袋小路だという意味ではない。政府の政策は、他とは異なり、それが明示的に意図されていようがいまいが、すでに社会関係資本に影響を与えている。特に、弱い立場にある人々の社会関係資本を損なうような政策が採用された場合に、有害となる。たとえば、ピーター・ロイゾスは、難民の社会関係資本を無視したり壊したりするような政策が、難民にさらなる不利益を与えることになると警告した（Loizos 2000: 126）。多くの国では、フェンスに囲まれ、防犯カメラで監視されたセキュリティの高い団地の建設が、政府によって許可されている（Harper 2001: 20）。しかし、これは団地内の住民間の社会関係資本の構築に役立つ一方、団地外に住む人々との橋渡し型紐帯の形成を妨げることになり、結果として、犯罪が起こりやすくなる。政府による行動が期せずして社会関係資本を破壊し、問題解決に向けて協同する人々の能力を低下させてしまいかねない。最も否定的な見方をすれば、人々が主に歪んだ目的のためにそのつながりを利用しているという確信が得られない限り、政府は、人々の社会関係資本の蓄積に可能な限り害を与えないようにするのが賢明である。その場合でも、政府は、単に孤立した個人を相手にしているのではなく、共有された規範に裏打ちされたネットワークを相手にしていることを意識したほうがよい。

政府にとって最善の役割は、おそらく、成功に導く支援者としての役割を果たし、その後には後退することである。イギリスにおけるタイムバンク構想は、政策立案者が、細部を過度に気にかけなくとも、市民組織の結社を推進できることを示す好例である（Harper 2001: 22）。タイムバンクは、一部でイギリス内務省の支援を受け、税金や福祉給付の免除が認められている。そのために、失業者や福祉給付受給者は、処罰を受ける不安なく、ボランティア活動に参加できる。そこで提供されるサービスは、園芸、交流、買い物、パソコン指導、読み書きの支援など、多岐にわたる。北欧の政策は、先端技術クラスターを形成し、公的資金と民間資金を組み合わせ、研究機関と企業部門が協力して革新的な研究開発プロジェクトに取り組むよう設計されており、国からの直接的関与が相対的に少ない状況でも継続できている（Maskell and Törnqvist 1999）。市民の意思決定ネットワークを強化することを目的にジュリア・ミドルトンによって創設されたイギリスの非営利組織である「共通目的」（Common Purpose）は、その政治的・組織的独立性を維持するための方法として、政府からの支援を意図的に回避している。

政府は絶妙なバランスを保たなければならない。一方で、政策立案者が社会関係資本を完全に無視することは無謀である。何はともあれ、ほぼすべての領域における政策の実施は、さまざまな政策関係者（主に、実業家・公務員・政治家など）のあいだにあるネットワークに影響を受けることになる。いったん政策が実施されれば、その結果は、政策の対象者たち（および彼らを代表するとされる諸団体）の社会関係資本に影響を及ぼすことになる。社会関係資本を促進しようとする非常に野心的なプログラムが政府にとって魅力的なのは、単に人々にサービスを提供するだけでなく、保健衛生、環境保護、生涯学習などの政策分野において、人々を行動変容や価値変容の過程に巻き込もうとするからである。しかし、社会関係資本への投資を促進する政策を展開する際、政府は、既存の社会関係資本の源泉を不注意に弱体化させるリスクや、ポジティブな結果以上にネガティブな結果をもたらすつながりを生成するリスクを回避する必要もある。さらに、研究が進んでいる分野（保健など）とそうでない分野があるため、政策理解の水準にもかなりの差が生じると予想される。社会関係資本の研究は成熟期に入ったばかりであり、はたして、さらに野心的で組織的な施策がどの規模で展開されるのか否か、確信を持って予測することは困難である。

おわりに

社会関係資本は、比較的単純な比喩として誕生した。しかし今や、社会科学全般で使用される有力な概念に進化した。また、政策論議にも影響を与え、いくつかの職業では実践言語の一部となっている。二〇〇〇年、私が二人の同僚と共に社会関係資本について執筆していた時には、相当な発見的価値があると示唆した。つまりこの概念は、社会的な関係を新鮮な目で見ることを促し、その構造と効果について新たな疑問を私たちに投げかけたのである（Schuller et al. 2000）。たしかにこの概念は、政治学や社会学における伝統的な議論の蓄積に基づいており、トクヴィルやデュルケームが提起した問題を探究しているが、しかしこの概念が本格的に盛り上がりをみせはじめたのは一九九〇年代に入ってからである。

この段階では、大半の人々が、社会関係資本といえば、ジェームズ・コールマンやロバート・パットナムの研究に関するものだと考えていた。そこから少し遅れて、当初は躊躇していた研究者たちも、ピエール・ブルデュの著作にみられるような、この概念に対する異なる見地を探りはじめた。この概念は論争の的となっており、多くの実績ある社会科学者からは、手に負えない成り上がり者として扱われた。数えきれないほどの例をあげることができるが、そのなかから特に、この概念に一定の意義を認めながらも疑義を呈している研究として、二つを取り上げよう。イギリスの二人の著名な社会学者は、これを「混沌とした概念」として退けた（Warde and Tampubolon 2002: 177）。また、ある経済学者のグループは、「さまざまな態度・規範・相互作用からなる曖昧な概念であり、どれが重要な因果的要因であるかを正確に特定することは困難である」と考えていた（Iyer et al. 2005: 1019）。つまり、この概念を支持している人であっても、無条件に熱狂的支持をしているわけではない。

今日、社会関係資本の考え方は広く使用されており、研究者の道具箱のなかに当然の如く入っているかのようである。二〇一四年、社会関係資本について執筆した二人の経営学者が、その論文に「研究分野の成熟」という副題をつけるまでになった。彼らは、開発経済学、家族研究、コミュニティ研究、学校教育や学校外教育研究、公衆衛生学、犯罪学、民主主義とガバナンス研究、そして彼ら自身の分野であるビジネス研究などの分野で、日常的に議論されるようになったことを的確に指摘した（Kwon and Adler 2014: 412）。さらにこのリストに追加できそうな分野としては、近年この概念に多くの関心を寄せている災害、通信技術、人種・民族、移民統合、都市政策などの研究がある。また、ナン・リンが先駆的に開発したネットワーク分析や、ゲーム理論から構造方程式モデリングまでに及ぶ、データの収集・分析のための一般的なアプローチの開発など、方法論への関心も高まっている（Lin 2001=2008）。全体として、次のように結論を出すのが妥当である。この概念はたしかに成熟しており、社会的な関係に埋め込まれた資源の存在と、それらを人々が利用する方法に注意を向けさせるという、非常に価値の高い目的を果たしている。

言うまでもなく、この概念が今後どのようになっていくかを推測することは、一九八〇年代後半からの発展をまとめるよりもはるかに難しい。ただ私たちは、人々が今後しばらくのあいだ、社会関係資本について研究し議論し続けるであろうし、「古典」はこの過程に情報を提供し続けるだろうという予想を受け入れることからはじめる。本書の初版が出た二〇〇三年以降、ブルデュの株は上がり続けている。不平等の維持・再生産の要因として社会関係資本に着目した彼の主張には影響力があり、その影響が消失していくとは考えにくい。パットナムの貢献は、研究者だけでなく政策立案者の関心も集め続けている。社会関係資本の衰退に警鐘を鳴らすパットナムの言葉は、社会構造の変化に対する広範な懸念を反映したものだ。また、地域保健から個々人の幸福まで、私たちの生活の特定の領域で社会関係資本がどのように作用するかの詳細に関心を持つ研究者や他の人々が最も頻繁に引用しているのも、彼の研究成果である。そして、コールマンの人気は衰えたものの、合理的選択理論と社会学的な洞察を結びつけようとした彼の試みは、従来の経済学に根ざすアプローチと強い関連性を有している。

人間関係や付き合い方は変化しており、その変化に応じて、ネットワーク資産の構築や展開の仕方も変化していくだろう。私たちが対人関係とどのように向き合っていくかも同時に変化している。というのも、生活様式の別の選択肢についての知識がほとんど至る所で入手できる社会では、それが不可避だからである。そして、ウルリッヒ・ベックが述べたように、「人生行路を作り上げなくてはならないという条件」のもとで生きることは、「『社会』は、一つの『変数』として、個々人によって取り扱われなくてはならなくなる」ことを意味する（Beck 1992: 131=1998: 267）。あるいは、バーバラ・ミズタルが述べたとおり、より世俗的で、個人化され、ネットワーク化された社会で、習慣も伝統も、ますます人生の羅針盤になりえなくなっている。

> ……優位に立ち、安全通行を確保し、ルールを知っていることを証明するためには、日常生活で他者から示されるシンボルやサインを読み解く、より高度なスキルの習得が必要とされる。
>
> ミズタル（Misztal 1996: 116）

ある意味で、ネットワークに関するビジネス自己啓発本の増加は、この傾向を例証している。社会関係資本について知れば知るほど、また人々がネットワークの価値を認識すればするほど、私たちはその知識を実践しようとする。つまり、私たちは自らの社会関係資本に反射的に投資するようになる。このこと自体、まったく新しいテーマである。

訳注

（1）（六〇頁）ここでの「同窓意識」（old school tie）とは、同じ名門校の卒業生同士が共有する、保守的で排他的な上流階級の連帯意識を意味する。イギリスの「パブリック・スクール」のネクタイに由来している。イギリスの「パブリック・スクール」は、私立の中等学校のなかでも一握りの、伝統ある全寮制の学校である。その中でも特にイートン校やハロウ校などが有名である。卒業生の多くは、ケンブリッジ大学やオックスフォード大学をはじめとする名門大学に進学する。学費が高く、生徒の大半は富裕層の子どもたちである。日本では、二〇二二年八月にハロウ校が、岩手県の安比高原に系列校である「ハロウインターナショナルスクール安比ジャパン」を開校したことで話題になった。入学金が約七七万円、学費は（学年によって異なるが）年間でおよそ八五〇万から九三〇万であり、全寮制であるとはいえ、他の日本の私立中等学校と比べても著しく高額な学費となっている。

（2）（六六頁）原著には「They can also help to provide access to finance and promote loyalty among customers（Jones et al. 1993: 674-677）」と記載されているが、同じ著者・タイトルの論文を探したところ、実際の出版年は一九九四年と思われ、かつJonesらが執筆した章の収録ページは172-205であった。一九九四年刊行書に収録されているJonesらの同タイトル論文は、民族的マイノリティの人々によって事業所がどのように経営されているかを分析したものであり、社会関係資本を主題とする研究ではない。当該書の内容を閲覧した限りでは、引用元の箇所が厳密に特定できなかった。もし引用元がこの文献で間違いないとすれば、197-200ページには「FAMILY AND COMMUNITY SUPPORT」の節があり、その中では、民族的マイノリティが営む事業所の多くが四人以下の従業員数となっており、これが「資金や顧客基盤の不足という明白な制約に加え」、「雇用主が一定以上に労働力を拡大するのを思いとどまらせる（中略）『手間をかけたくない』という阻害要因が組み込まれている」ためだと推論されている。つまり同書には、従業員を雇用する際に、公式の採用ルートや手続きを用いず、インフォーマルな（あるいは親族間での）人間関係の中で働き手を見つけていることによって、言語的な障壁などから生じるコストを回避しているとの言及がある。訳者の判断にて、原著にあった記載をこの言及箇所のページに差替えているが、引用元として本当に正しいのかについて著者からの回答は得られなかった。

（3）（二〇四頁）岡の説明によれば、旧ソ連や東欧諸国の社会主義時代には物資不足が常態化しており、日々の生活を送るうえでコネに頼ることが不可欠であったため、そのような中で社会的にも容認されていたのが「ブラット（blat）」だった。これは、不足するモノやサービスを入手するために個人的なネットワークや非公式な関係を利用し、公式な手続きを回避する行為を意味する。ブラットでは相互扶助や信頼が重視されたため、「友情」のレトリックの下で正当化されていた。しかし実際にそこで交換される「援助」は、国家資産や、公的にそれを受け取る権利を有する人の利益を犠牲にして得られたものだった。（参考文献：岡奈津子「カザフスタンにおける日常的腐敗」日本貿易振興機構アジア経済研究所『アジ研ワールド・トレンド』二〇九号、二〇一三年、三七―四一頁）

（4）（二一〇頁）原著では「Criticizing Putnam for what they see as excessive concern over falling levels of trust in government in the US, one group of British political scientists have suggested that low political trust may well be associated with high levels of social capital and education

(Maloney et al. 2000: 217)」と記載されている。該当の論文は802-820ページに収録されており、その範囲に、217ページが存在しない。内容を閲覧した限り、引用元の該当箇所を特定することができなかった。該当の論文（Maloney et al. 2000）では、パットナムの功績を認めつつも、次の二点について批判がなされている。第一に、パットナムの議論においては、公的機関とボランティア団体等との相互浸透が看過されている。つまり、社会関係資本が政府のパフォーマンスに影響を与えるだけでなく、政府が社会関係資本に与えている影響にも焦点を当てるべきだということである。第二に、政治的機会構造が社会関係資本の創出や利用にどのような影響を与えるかを理解するため、より文脈に即したアプローチが必要である。このように当該論文では、政府が社会関係資本に与える影響を看過すべきでないと強調している。

（5）（一一四頁）「信頼」(trust) とは何らかの対象（他者など）を信頼する行為や規範を指すのに対して、「信頼性」(trustworthiness) は、信頼に値する性質や状態のことである。例をあげると、特定のエリアの治安の悪化によって住民や地域の信頼性が損なわれていくことで、「この地域は安全だ」という人々からの認識、つまり信頼も減少することになる。

（6）（一四八頁）パットナム (Putnam 2007) によれば、多様な民族が混在して居住している地域では、あらゆる民族の住民が「身を潜めて生活する (Hunker Down)」傾向があり、それが社会関係資本を減少させる。背景には、大半の先進国で移民が増加し、民族的多様性が高まっている現状がある。パットナムによれば、長期的にみれば多様性は文化的にも経済的にも重要な利益をもたらすと考えられるが、短期的には、移民の増加による民族的多様化は、住民間の信頼を低下させ、友人になったり協力し合う関係性を希薄にさせる傾向にあるという。

解説

人と業績

この本の著者、ジョン・フィールドは一九四九年の生まれで、生涯学習の研究で知られ、長年、英国スコットランドのスターリング大学教育学部に籍を置く教授であった。その間の二〇〇二～二〇〇七年には研究担当の副学長を務め、二〇一四年以降は同大学の名誉教授として、同時にドイツ・ケルン大学の客員教授をも務めつつ、現在も精力的に研究活動を続けている。その成果として、一九八〇年から現在までのおよそ四十年間に非常に多くの著作を残しており、カバーするトピックは、研究の当初から成人教育、職業訓練や失業者の学習ニーズ調査から学習社会論に至るまでたいへん幅広い。最近では、英国におけるワークキャンプ（両大戦間に始まった青年の国際的ボランティア活動）やレイバー・コロニー（十九世紀末に起源をもつ失業者、生活困窮者の集団的労働生活の場）についての歴史的研究をも手がけている。それら一連の業績は学校教育外で、しかも学校教育後に展開される人々の教育・学習活動に注目するという点で一貫している。本人の言によれば、研究関心は社会・経済的文脈からみた成人学習、生涯学習政策、成人教育・訓練の歴史の三つにまとめられる。

彼はまた、理論的な関心に留まることなく、教育や学習から遠ざけられた人々への学習機会の提供という、実践的で政策的な関心を重視してきた研究者でもある。本書の主題である社会関係資本への関心は、まさしく著者の生涯学習研究と密接不可分の関係にある。著者は北アイルランドの出身で、スコットランドをベースに仕事をしてきた経歴をもつが、彼の研究視角はそうした地域的な限定を超えて、英国全体を視野に捉えるだけでなく、欧米およびOECDなど国際機関の政策・研究の動向にも注目しておこなわれてきたという点も特徴的なことである。英国は二〇一六年の国民投票でEUからの離脱を決めたのだが、本書の参考文献一覧をみてもわかるように、著者の研究はヨーロッパの知的伝統とそれに基づく新しい社会科学的な知見にしっかりと根ざしたものであり、視野の広さを感じさせるものである。

多くの業績のうちで、邦訳されたものは二点ある。そのひとつは『生涯学習と新しい教育体制』（学文社、二〇〇四年）であり、もうひとつは『ソーシャルキャピタルと生涯学習』（東信堂、二〇一一年）である。いずれも筆者が呼びかけて編成された翻訳チームの手になるものである。ユネスコやOECDに続いて、EUにおいても生涯にわたる学習が政策的関心として浮上した一九九〇年代以降、著者の研究関心もまたそうした動向に沿ってきた。とはいえ、EU諸国での教育への関心の中心は相変わらず、初期教育（initial education）や大学教育に置かれていたなかで、彼は成人継続教育を拡充する必要性を訴え、英国での成人を対象とした調査によって学習格差とその二極化が存在することを指摘するなど、教育と学習の機会が乏しい人々の学習に向けられてきた。

『ソーシャルキャピタルと生涯学習』の最後では、これからの生涯学習の方向性に関して、学習モデルに関するマイケル・ヤングの類型化に拠りながら、学校教育モデルや資格社会モデルではなく、またより一層の学習者中心となるように提供機関に変革を迫るアクセスモデルとも異なって、結合モデル（connective model）の優位性に期待を寄せている。フォーマルとインフォーマルの二つの学習世界を橋渡しし、それらを連結させるこのモデルは、公共・私企業・市民活動の三つのセクターのパートナーシップによる新しい学習社会の創出を展望している。

こうした生涯学習の政策への関心のなかで、一九九七年には、ＯＥＣＤの教育研究革新センター所長を務め、国際的に著名な生涯学習研究者であるトム・シューラーとの共著で、初めて社会関係資本に言及した論文を書いている。さらに一九九九年には北アイルランドにおける人的資本と社会関係資本の関係について論じ、学校での学習と成人学習への参加状況をみれば、両者のあいだには前者が後者を促すといった正の関係ばかりでなく、逆の関係もみられることを明らかにしている。それ以降、社会関係資本と生涯学習の関係について焦点化した研究をいくつか発表している。

本書の位置と著者の立場

英語による本書の原著が初めて世に出されたのは二〇〇三年のことであり、その後二〇〇八年に第二版が、そして二〇一七年には原著の第三版が出されている。このように二度にわたっておこなわれた改訂は、社会関係資本概念の発展と著者の概念理解の深まりを反映している。またそれは、社会関係資本の概念化について著者の並々ならぬ情熱が注がれてきた結果でもある。この概念の理解を常に新しい社会的文脈のなかで深めようとする著者の誠実な努力の跡を本書の内容に見て取ることができる。

こうした著者の態度は、社会関係資本概念を提唱したブルデュ、コールマン、パットナムの三人の言説を、彼らが生き、直面した社会的文脈に即して丁寧に紹介するとともに、特定の論者に肩入れするのではなく、それぞれの論者の言説がもつ意義と同時に、限界にも明快に言及するという点に表れている。なかでもブルデュの理論では、文化資本概念がよく知られているが、同時に彼が社会関係資本についても論じていたことを広く知らしめたことは本書の功績のひとつである。ついでに言うならば、ブルデュの文化資本と社会関係資本がどのような関係にあるのかについては論じていない。とはいえ本書には、彼らから多くを学び、それを出発点としながら、同時に彼らの概念理解を超えていこうとする持続的な意志が感じられる。

ところで、社会関係資本の起源としてあげられた三人の所論は、本書では次のように整理されている。ブルデュは、社会関係資本を「特権階級が地位を得ようと画策する際に利用する資産」であると考えた。他方コールマンは、個人や家族に帰属する資産であるとともに、社会的不利の人々が調達できる資源でもあると捉える。これに対してパットナムは、社会関係資本を社会レベルで機能する資源とみなし、それによりアメリカのコミュニティの崩壊を社会関係資本の衰退の結果として説明した。著者は豊富なエビデンスに基づいて展開されたパットナムの所論には、他の二人のそれよりも優位性をもつことを認めている。

ブルデュ、コールマン、パットナムが社会関係資本についてそれぞれに論じた時代は異なるが、著者はいずれも実践における女性の役割など、ジェンダー的側面を等閑視ないし軽視していると指摘している。さらに、三人の同質性を次の三点に見出している。第一に、社会関係資本がもたらす負の影響を軽視していること、第二に、社会関係資本概念を捉える三人のアプローチが没歴史的であり、経時的な変化をみていないこと、第三に、三人の定義のなかでは異なる種類の社会関係資本の区別（結束型、橋渡し型、連結型）が実際にはおこなわれていないことである。

本書の第４章で触れられている社会関係資本とインターネットの関係は、インターネットの登場が一九九〇年代初めであったことを想起すれば、ブルデュやコールマンにはそれへの言及を求めるべくもなく、パットナムにおいてもその考察を可能ならしめるだけのエビデンスの集積には至らない論題であった。

著者はこれら三人の概念創始者の理論的枠組みを「古典」と呼んでいる。その含意は、三人に対するリスペクトであり、社会関係資本を論じる際の参照枠であると同時に、時代とともにこの概念が成長を遂げるものであることを意味する。著者は、「この概念は社会科学の全域にわたって分析ツールとしての地位を確立しており、もはや無視することはできない」と述べている。では、社会関係資本概念は三人の「古典」からどれほど「成長」を遂げられたのか。また、著者は社会関係資本の理論的発展にどのように寄与しているのであろうか。ここでは、この二つの問いに対する答えをひと括りの問題として考えてみたい。

本書で示された社会関係資本概念の成長は、まずそれが無条件に善なるものではなく、時にはネガティブな働きをするものだという捉え方が付け加えられた点にみられる。ひとつは、社会関係資本が階層的、ジェンダー的、人種・民族的な不平等を助長するという点である。不利な立場に置かれた集団のあいだでは、社会関係資本の同質性の高さがコミュニティ存続にとって重要性をもつ一方、そのコミュニティの外との格差を広げる結果をもたらす。社会関係資本が人々の達成要求を押し下げるということも起こり得る。

著者は、社会関係資本がある局面では正の結果を、またある局面では負の結果を生むのはなぜか、と問いかけ、それに対する有力な答えとして「人々は文脈に応じて異なる方法で資本を利用できるからである」と述べている。こうした社会関係資本の逆効果は意図した目標のためにネットワークを活用する場合にみられるが、意図しないにもかかわらずそれが生じる場合もあるのだという。いずれにせよ、ほとんどの場合、逆効果を起こすのは社会関係資本のなかでも「結束型」であると考えられ、「結束型」は排他的であるのに対し、「橋渡し型」は包摂的だと類型化されがちであるが、「橋渡し型」にも負の側面、すなわち隘路があるのだと指摘する。したがって著者は、「結束型」と「橋渡し型」という二つのつながりを峻別しないほうが賢明であるとも述べている。こうした知見は、著者が博捜したエビデンスに基づいており、それらは中南米やアフリカでの事例であったり、イタリアでのムッソリーニのファシズム運動への市民の関与といった歴史的な事象であったりする。そうした事例の数々を豊富に提示しているところもまた本書の重要な特色である。社会関係資本がコミュニティにもたらすものは人々の支え合いや助け合いである場合も、逆に特定の人々の結束が他の人々の排除をもたらす場合もある。社会関係資本はその働きにおいてそうした二面性をもつ実体として捉えるべきことを著者ははっきりと示したのである。

社会関係資本概念に関するもうひとつの理論的発展については、本書第4章で詳しく論じられている、インターネットと社会関係資本との関係についての論究にみられる。ブルデュ、コールマンが社会関係資本の概念化に寄与したのは、インターネットの時代のはるか前であったし、一九九〇年代に精力的に活躍したパットナムですら、インターネットが社会と人間関係に及ぼす影響をしっかりと見極める時間的余裕を持たなかった。その影響を踏まえた社会関係資本の検討は著者の面目躍如とするところである。

さて、インターネットと社会関係資本の関係についてである。パットナムはアメリカで人々の社会参加が低調になった原因をテレビの影響に見出していたが、それに対しても著者は疑問を呈する。英国ではテレビ世代の社会参加が低いというデータはないからである。著者が注目するのは、今やメディアとしての主役をテレビから譲り受けた感のあるインターネット、なかでもSNSの普及である。この新しいメディアが社会関係資本にどのような影響をもたらしているのか。この点については、著者はかなり楽観的である。インターネットが「社会的人脈を下支えするだけでなく、一般的な情報や資源を提供することによっても、社会関係資本に寄与しているようだ」というB・B・ネヴィスの見解がSNSと社会関係資本の関係にも概ね当てはまるという。実は、著者は熱心なツイッター利用者であり、現在もほぼ毎日のように自身の見解をツイートしたり、他の人からの情報をリツイートしている。こうした個人的な嗜好も、「SNSの恩恵は、その弊害を上回っているようである」との著者の評言と関連があると思われる。SNSが情報の発信と受信においてもつ自由度は非常に大きく、手軽さと迅速性においても優れている。しかし、発信される情報の正しさや情報倫理の確立という問題は解決されておらず、SNSを運営する会社の買収による情報統制の可能性も排除できない。

SNSに対する評価という点では、いささか採点が甘い印象もあるが、著者の立場はその点でも、これまでに出されたエビデンスに基づいて判断するというものであり、「インターネットを、社会関係資本のこれまでの蓄積を破壊しかねないまったく新しい出発点として捉えるのではなく、ある種の社会的結束を侵食し、より開放的につながり、緩やかに結びつきながら、関わりの一時的な形態へと転換させる、多くの諸要因のひとつとみなすほうがよいかもしれない」と慎重な言い回しで締めくくっている。

社会関係資本と政策的介入

本書の最後に著者が言及している問題は、社会関係資本を促進する政策的介入の是非、というものである。この点での著者の立場は肯定的であり、促進のための第一の鍵を「正規の教育機関の外」でおこなわれる人々の教育・学習活動とその支援に求めている。たとえば、世代間学習、親教育プログラム、若者向けのサービスラーニング、インターンシップ、メンタリング事業などであり、それらがコミュニティにおける人種・民族・言語の違いを橋渡しする役割を期待している。介入のもうひとつは人々の社会的孤立や孤独に関する政策の立案である。政策的におこなえることとして、孤立や孤独のリスクの高い人を特定することや、新しいコミュニティ・メンバーに対する統合プログラム、仲間づくりプログラムなどがあげられている。

社会関係資本に二面性があるとすれば、それがもつポジティブな面に目を向け、それを政策的に促進するということはまさに理にかなっている。生涯学習政策を研究の中心的テーマとしてきた著者ならば、政策的介入に意義を認め、それに期待を寄せるのはむしろ当然といえる。そして政策や施策のあり方を論じれば、その成果や効果が問題となる。すなわち、政策の測定・評価のあり方にまで立ち入ることは避けられない。

ところが、社会関係資本の測定という問題については、著者の論述は多くない。「社会関係資本の測定は難しい」という定説に依拠して、その理由を個人・家族・近隣地域・組織・国家という次元の異なる社会的単位の特性を社会関係資本の測定として安易に「まとめる」ことの危険性をあげるに留まっている。わずかに著者は「世界価値観調査」でおこなわれた、人々の信頼の程度に関する調査結果に言及してはいるものの、それについても国際調査につきものの、言語的ニュアンスの違いを持ち出して、調査結果に対する慎重な態度をとり続けている。

しかし、すでに述べたように、政策的介入を促すためには、今や測定・評価という視点をもつことは不可欠になっており、この点に関する著者の淡泊な関心のもちようは、他方における政策への熱意が大きいことと対比するならば、無視できない問題点のひとつではないかと思われる。およそ政策が予算的裏づけを不可欠とするものである以上、政策・施策の評価を避けて通るわけにはいかない。そうした政策評価については、やや懐疑的なスタンスを取っているようにもみえるのである。その理由は、政策の主体が、行政当局に限らず、市民活動セクターなどの多様なアクターであると考える著者の立場からすれば、そもそも政策自体の社会・経済的基盤が複雑であり、容易に政策や施策の測定・評価を許さない、ということなのかと思われる。この点での著者のより深い洞察を知りたい。

二〇二二年五月

矢野 裕俊

訳者あとがき

「社会関係資本（social capital）」概念は、社会科学の領域を中心とした学術研究の展開に大きな影響を及ぼしてきた。つまりこの概念は、そこに関わる研究者や学生にとっては、知っておくべき基本概念のひとつとなりつつある。本書の著者も強調しているように、社会関係資本に関する研究は多くの分野で蓄積され、学際的に発展し、今や成熟期を迎えるに至っている。この概念が、なぜこれほどまでに多くの研究者や政策立案者やその他多くの関係者を魅了するのだろうか。それは、「関係性が重要」という単純ながらも深遠な真理が、「信頼」や「コミュニティ」などの関連概念とともに、私たちの人間性を基礎づけ、私たちの社会のあり様を規定しているからであるように思われる。

本書は、著者自身が「はじめに」で明示しているように、社会関係資本に関する入門書として執筆されたものである。社会関係資本に関する著作は、日本国内でも数多く存在する。ただし、その大半は各執筆者の研究分野のなかでの専門的な研究成果であり、管見の限り、本書ほど簡潔かつ網羅的に、そして学際的にまとめられた入門書は存在しない。また、本書は、社会関係資本の理論的な基礎を分かりやすく解説しているのみならず、その異同や展開、政策などの実状についても詳細な言及を加えている点で秀逸である。特に、「関係性が重要」という際の含意として、その関係性こそが複雑な社会問題を生む背景にもなっているという負の側面に触れられているのは、示唆深い。同時に、現在急速に普及拡大しているオンライン世界の社会的ネットワークについても、豊富な情報を提供している。よってこの入門書が、これから社会関係資本について学ぼうとする学生（学部生・大学院生）の学修に資するのは言うまでもない。加えて、すでに社会関係資本について一定の知識や研究成果を有している研究者にとっても、あるいは様々な領域でコミュニティやネットワークの形成に関係する実践に携わっておられる多くの一般読者にとっても、有用なものとなると確信している。

昨今、「つながり」や「絆」は、日本国内でも政策的・実践的に重要なキーワードとなってきた。パットナムが「コミュニティの崩壊」について論じて久しいが、現代日本においては、少子高齢化や人口減少の進行により、多くの地域でコミュニティの維持や再生が切実な課題となっている。また、様々な文脈で、高齢者のみならず若者も含めた「孤立」が問題になっている。このような「孤立」の問題は、私たちの健康や安全、健全な経済活動や民主主義などを阻害する要因となるがゆえに、すべての人にとって決して他人事ではない。

自然災害は各地で甚大な被害をもたらすが、そのたびに、地域のつながりの重要性が強調され、被災後にそのつながりが絶たれ孤立化することがどれほど負の影響を及ぼすかを知らしめてきた。とりわけ二〇二〇年以降は、新型コロナウイルス感染拡大に対処するために「外出自粛」や「黙食」など様々な制約が公式・非公式に課される状況となり、他者との社会的なつながりがどれほど重要であるかが強く再認識されるようになった。

一方で、近年は「ひとり」でいることが前向きに捉えられるようにもなってきた。「おひとりさま」や「ソロ活」という言葉が普及し、「ひとり」で過ごすこと、「ひとり」で生きていくことに、自立的であるというイメージを重ね合わせ、肯定的に捉えていこうとする言説が流布している。たしかに、「空気を読む」という同調圧力を強いられがちな日本の文化的状況に鑑みれば、「ひとり」でいられることには、自立し自律的に生きていける逞しい個人の姿を見ることができる。ただし、多くの場合、「ひとり」という表現は、「独身者」(生涯未婚、死別・離別を含む)であることと同義の意味で用いられる。よって、「おひとりさま」という肯定的な言説は、家族の在り方の変容と併せて捉えていく必要もあるだろう。「人間は社会的な存在である」と表現する時、たとえその人が結婚していないとしても、同じコミュニティで共に過ごし、生活を支え合う他者の存在は不可欠である。その生活や人生を支え合う他者は、必ずしも血縁者でなくてもいいし、婚姻関係で結びついた相手でなくてもいい。「支え合う他者」を広く捉えるならば、同居している必要もないし、人数を制限する合理性もない。社会関係資本の実態とは、この「支え合う他者」をすべての人が各々有しており、そのような他者とのつながりが、地域コミュニティにも、職場にも、さらにはオンラインの世界にも存在する状態を指すのではないだろうか。

「つながり」と「孤立」という観点では社会関係資本の量的な側面が焦点化されやすいが、もうひとつ、つながりの強弱などの質的な側面、言い換えれば同質性／多様性の観点も重要である。たとえば、日本国内には多くの在留外国人が存在する。一面では、多文化共生が声高に唱えられ、多様な文化に対する認知や理解が進んできた。反面で、日本の外国人受け入れ体制は、制度的にも文化的にも、十分とはいえない。国内には根強い排外意識が存在することも否定できず、すべての外国人にとって住みやすい、あるいは安心して住み続けられる土地にはなっていない。これは外国人に対してのみならず、他の社会的マイノリティに向けても同様である。社会関係資本に関わる日本の大きな課題のひとつとして、主観的な視点から見た場合の「異質な他者」への人権尊重や存在承認が十分ではないという点があるように思われる。これも、「よそ者」に対する警戒感が引き起こす社会関係資本の負の側面と見ることができるのかもしれない。

社会関係資本に正負両面があるとすれば、私たちは、政策的ないし実践的に社会関係資本を良い方向に活用したり、あるいは良質な社会関係資本を意図的に生成・促進したりすることができるのだろうか。前掲の「解説」において矢野が紹介しているように、本書の著者であるフィールドは、社会関係資本と生涯学習の関係に強い関心を抱いており、その成果をすでに複数発表している。つまり、上記の問いに答えるためには、「生涯学習」がキーワードとなり得る。

ここでは、生涯学習研究において定説化している社会構成主義的な学習観に基づき、学習とは、経験を通して状況的かつ協同的におこなわれ、その経験を再構成していく過程と理解するとしよう。そして、その学習を教育的にデザインすることが「生涯学習」の考え方であると定義する。その前提に立つと、社会関係資本は生涯学習環境として捉えられ、そこに関わるすべての人々は、学習の主体でもあり、誰かにとっての学習の協同者となる。ネットワーク上に有用な情報をもたらす他者が多いほど、効率的な学習が実現し、多くの利益を得ることができるだろう。歪んだ情報をもたらす他者とのネットワークは、望ましくない学習を誘発し、本人や周囲に負の影響を及ぼすことになる。また、他者との信頼の程度が高いほど、その相手からはより信頼性の高い情報に依拠した学習をより多く、より効果的に得ることができるに違いない。さらに、社会構成主義的な学習観に依拠するならば、ネットワークは単なる情報交換の経路ではなく、より創発的な学習基盤である。社会的な観点で見た場合の学習過程では、学習者間の相互行為により、単に情報が交換されるだけでなく、新たな知識が創出される。この学習過程を、教育的な意図をもってデザインすれば、私たちの社会関係資本の量も質も、より豊かなものにすることができるに違いない。今後は、このような生涯学習の観点から社会関係資本の生成や変容の過程がより深く学術的に探究され、その研究成果が社会的な実践や政策を通して、すべての人々の生活と人生に還元されていくことを願ってやまない。

最後に、本書の翻訳書刊行に際してご尽力いただいたすべての皆様にお礼を申し上げたい。

特に、出版の企画から編集までの一連の過程に辛抱強くお付き合いいただいた明石書店の安田伸氏には、誰よりも先に感謝を表したい。また、訳出後の短い期間のなかで、著者に関する詳細な解説をご執筆いただき、さらには翻訳内容の点検にも多大なお力添えをいただいた矢野裕俊先生に、この場を借りて心より感謝を申し上げる。本書の翻訳は、日本語として可能な限り自然に読めるような表現や構成にすべく、最大限の努力をしたつもりである。しかし、それでもなお、原文が伝えようとする意味やニュアンスを正確に和訳できていない可能性を否定できない。翻訳の質については、読者の皆様による今後の批判的点検に期待しつつ、まずは本書をより多くの読者に届けられれば幸いである。

二〇二二年九月

佐藤　智子

Scott, J. (1991) *Social Network Analysis: A handbook*, London: Sage.

Serageldin, I. and Grootaert, C. (1999) 'Defining Social Capital: An Integrating View', in P. Dasgupta and I. Serageldin (eds.), *Social Capital: A multifaceted perspective*, Washington, DC: World Bank, pp. 40–58.

Smith, S. S. and Kulynch, J. (2002) 'It May be Social, But Why is it Capital? The Social Construction of Social Capital and the Politics of Language', *Politics & Society*, 30, 1: 149–186.

Szreter, S. (2000) 'Social Capital, the Economy and Education in Historical Perspective', in S. Baron, J. Field and T. Schuller (eds.), *Social Capital: Critical perspectives*, Oxford: Oxford University Press, pp. 56–77.

Valenzuela, S., Park, N. and Kee, K. F. (2009) 'Is There Social Capital in a Social Network Site? Facebook Use and College Students' Life Satisfaction, Trust and Participation', *Journal of Computer-Mediated Communication*, 14, 4: 875–901.

Wallis, J. and Dollery, B. (2002) 'Social Capital and Local Government Capacity', *Australian Journal of Public Administration*, 61, 3: 76–85.

Warde, A., Martens, L. and Oben, W. (1999) 'Consumption and the Problem of Variety: Cultural Omnivorousness, Social Distinction and Dining Out', *Sociology*, 33, 1: 105–127.

Wasserman, S. and Faust, K. (1994) *Social Network Analysis: Methods and applications*, Cambridge: Cambridge University Press.（=2022, 平松闊・宮垣元訳『社会ネットワーク分析：「つながり」を研究する方法と応用』ミネルヴァ書房.）

Wellman, B. (2001) 'Computer Networks as Social Networks', *Science*, 293: 2031–2034.

World Bank (2001) *World Development Report 2000/2001: Attacking Poverty*, Washington, DC/New York: World Bank/Oxford University Press.

368–385.

Hanna, V. and Walsh, K. (2002) 'Small Firm Networks: A Successful Approach to Innovation?', *R&D Management*, 32, 3: 201–207.

Harryson, S. J. (2000) *Managing Know-who Based Companies: A multi-networked approach to knowledge and innovation management*, Cheltenham: Edward Elgar.

Inglehart, R. (1997) *Modernization and Postmodernization: Cultural, economic and political change in 43 societies*, Princeton, NJ: Princeton University Press.

Jacques, M. (2002) 'The Age of Selfishness', *Guardian*, 5 October: 24.

Johnston, K., Tanner, M., Lalla, N. and Kawalski, D. (2013) 'Social Capital: The Benefit of Facebook "Friends"', *Behaviour & Information Technology*, 32, 1: 24–36.

Lazega, E. and Lebeaux, M.-O. (1995) 'Capital Social et Contrainte Latérale', *Revue Française de Sociologie*, 36, 4: 759–777.

Letki, N. (2008) 'Does Diversity Erode Social Cohesion? Social Capital and Race in British Neighbourhoods', *Political Studies*, 56: 96–126.

Mitchell, C. U. and LaGory, M. (2002) 'Social Capital and Mental Distress in an Impoverished Community', *City & Community*, 1, 2: 199–222.

Moore, S., Daniel, M., Gauvin, L. and Dubé, L. (2009) 'Not All Social Capital is Good Social Capital', *Health and Place*, 15: 1071–1077.

Morrow, V. (2001) 'Using Qualitative Methods to Elicit Young People's Perspectives on Their Environments: Some Ideas for Community Health Initiatives', *Health Education Research*, 16, 3: 255–268.

Muram, D., Hostetler, B., Jones, P. and Speck, C. (1995) 'Adolescent Victims of Sexual Assault', *Journal of Adolescent Health*, 17, 6: 372–375.

Murtagh, B. (2002) *Social Activity and Interaction in Northern Ireland: Northern Ireland Life and Times Survey research update 10*, Belfast: Queen's University/University of Ulster.

Palloni, A., Massey, D. S., Ceballos, M., Espinosa, K. and Spittel, M. (2001) 'Social Capital and Intergenerational Migration: A Test Using Information on Family Networks', *American Journal of Sociology*, 106, 5: 1262–1298.

Porter, M. E. (2000) 'Location, Competition and Economic Development: Local Clusters in a Global Economy', *Economic Development Quarterly*, 14, 1: 15–34.

Putnam, R. D. (2002) 'Bowling Together', *American Prospect*, 13, 3: 20–22.

Robison, L. J., Schmid, A. A. and Siles, M. E. (2002) 'Is Social Capital Really Capital?', *Review of Social Economy*, 60, 1: 1–21.

Bates, T.（1994）'Social Resources Generated by Group Support Networks May Not be Beneficial to Asian Immigrant-owned Small Businesses', *Social Forces*, 72, 3: 671–689.

Boehnke, K., Hagan, J. and Merkens, H.（2000）'Right-wing Extremism among German Adolescents: Risk Factors and Protective Factors', *Applied Psychology*, 47, 1: 109–126.

Boisjoly, J., Duncan, G. and Hofferth, S.（1995）'Access to Social Capital', *Journal of Family Issues*, 16, 5: 609–631.

Bourdieu, P.（1981）'Ökonomisches Kapital, Kulturelles Kapital, Soziales Kapital', in R. Kreckel（ed.）, *Soziale Ungleichheiten*, Göttingen: Otto Schartz.

Coleman, J. S.（1961）*Adolescent Society: The social life of the teenager and its impact on education*, New York: Free Press.

Collins, R.（1996）'Can Rational Action Theory Unify Future Social Science?', in J. Clark（ed.）, *James S. Coleman*, London: Falmer Press, pp. 329–342.

Dowley, K. M. and Silver, B. D.（2002）'Social Capital, Ethnicity and Support for Democracy in the Post-Communist States', *Europe-Asia Studies*, 54, 4: 505–527.

Durlauf, S. N.（2002）'On the Empirics of Social Capital', *The Economic Journal*, 112: 459–479.

Etzioni, A.（1993）*The Spirit of Community: Rights, responsibilities and the communitarian agenda*, London: Fontana.

Field, J., Schuller, T. and Baron, S.（2000）'Social Capital and Human Capital Revisited', in S. Baron, J. Field and T. Schuller（eds.）, *Social Capital: Critical perspectives*, Oxford: Oxford University Press, pp. 243–263.

Fukuyama, F.（1989）'The End of History?', *The National Interest*, 16: 3–18.

Fukuyama, F.（2006）*The End of History and the Last Man*, New York: Free Press.（＝2020, 渡部昇一訳『歴史の終わり：「歴史の終わり」後の「新しい歴史」の始まり（上／下)』三笠書房.）

Galassi, F. L.（2001）'Measuring Social Capital: Culture as an Explanation of Italy's Economic Dualism', *European Review of Economic History*, 5, 1: 29–59.

Gittell, M., Ortega-Bustamante, I. and Steffy, T.（2000）'Social Capital and Social Change: Women's Community Activism', *Urban Affairs Review*, 36, 2: 123–147.

Grenfell, M.（ed.）（2012）*Pierre Bourdieu: Key concepts*, Durham, NC: Acumen.

Hagan, J., MacMillan, R. and Wheaton, B.（1996）'Social Capital and the Life Course Effects of Family Migration', *American Sociological Review*, 61, 3:

Woolcock, M. (1998) 'Social Capital and Economic Development: Toward a Theoretical Synthesis and Policy Framework', *Theory and Society*, 27, 2: 151–208.

Woolcock, M. (2001) 'The Place of Social Capital in Understanding Social and Economic Outcomes', *Isuma: Canadian Journal of Policy Research*, 2, 1: 11–17.

World Values Survey (2000) *2000–2001 World Values Survey Questionnaire*, accessed 16 October 2001 at: http://wvs.isr.umich.edu/wvs-ques4.html.（訳注：現在はリンク切れのため、次の文献を参考にされたい。Inglehart, R., Haerpfer, C., Moreno, A., Welzel, C., Kizilova, K., Diez-Medrano, J., Lagos, M., Norris, P., Ponarin, E. and Puranen, B. (eds.) (2014) World Values Survey: Round Four: Country-Pooled Datafile Version, Madrid: JD Systems Institute. www.worldvaluessurvey.org/WVSDocumentationWV4.jsp.）

Zhao, Y. (2002) 'Measuring the Social Capital of Laid-off Chinese Workers', *Current Sociology*, 50, 4: 555–571.

2．資　料

ローマ・ラ・サピエンツァ大学（Sapienza University of Rome）のファビオ・サバティーニ氏（Fabio Sabatini）が世話人を務めるSocial Capital Gateway（www.socialcapitalgateway.org）にて、社会関係資本に関連するイベントや刊行物の一覧を定期的に公表している。この分野の最新の動向を知りたい読者は、そちらをご覧いただきたい。

Balloch, S. and Taylor, M. (2001) *Partnership Working: Policy and practice*, Bristol: Policy Press.

Bankston, C. L. and Zhou, M. (2002) 'Social Capital as Process: The Meanings and Problems of a Theoretical Metaphor', *Sociological Inquiry*, 72: 285–317.

Baron, J. N., Hannan, M. T. and Burton, M. D. (2001) 'Labor Pains: Change in Organizational Models and Employee Turnover in Young, High-tech Firms', *American Journal of Sociology*, 106: 960–1012.

Uphoff, E. P., Pickett, K. E., Cabieses, B., Small, N. and Wright, J.（2013）'A Systematic Review of the Relationships Between Social Capital and Socioeconomic Inequalities in Health', *International Journal for Equity in Health*, 12, 54: 1–12.

Urry, J.（2002）'Mobility and Proximity', *Sociology*, 36, 2: 255–274.

Uslaner, E. M.（2002）*The Moral Foundations of Trust*, Cambridge: Cambridge University Press.

Verhaeghe, P. P., Li, Y. and van der Putte, B.（2013）'Socio-economic and Ethnic Inequalities in Social Capital from the Family among Labour Market Entrants', *European Sociological Review*, 29, 4: 683–694.

Victor, C. R., Scambler, S. J., Bowling, A. and Bond, J.（2005）'The Prevalence of, and Risk Factors for, Loneliness in Later Life: A Survey of Older People in Great Britain', *Ageing and Society*, 25, 6: 357–375.

Vitak, J. and Ellison, N. B.（2013）'"There's a Network Out There You Might as Well Tap": Exploring the Benefits of and Barriers to Exchanging Informational and Support-based Resources on Facebook', *New Media & Society*, doi: 10.1177/1461444812451566.

Warde, A. and Tampubolon, G.（2002）'Social Capital, Networks and Leisure Consumption', *Sociological Review*, 50, 2: 155–180.

Warren, M. E.（2001）'Social Capital and Corruption', Paper presented at EURESCO Conference on Social Capital, University of Exeter, 15–20 September.（訳注：本発表の内容に触れている次の論文も参照されたい。Warren, M. E.（2008）'The nature and logic of bad social capital', in D. Castiglione, J. W. van Deth and G. Wolleb（eds.）, *The Handbook of Social Capital*, Oxford: Oxford University Press, pp. 122–149.）

Wellman, B. and Hampton, K.（1999）'Living Networked in a Wired World', *Contemporary Sociology*, 28, 6: 648–654.

West, L.（2016）*Distress in the City: Racism, fundamentalism and a democratic education*, London: Institute of Education Press.

Whitehead, M. and Diderichsen, F.（2001）'Social Capital and Health: Tip-toeing Through the Minefield of Evidence', *The Lancet*, 358, 9277: 165–166.

Whiteley, P. F.（2000）'Economic Growth and Social Capital', *Political Studies*, 48, 3: 443–466.

Wilkinson, R. G. and Pickett, K.（2009）*The Spirit Level: Why more equal societies almost always do better*, London: Allen Lane.（＝2010, 酒井泰介訳『平等社会：経済成長に代わる、次の目標』東洋経済新報社.）

Wilson, P. A.（1997）'Building Social Capital: A Learning Agenda for the Twenty-first Century', *Urban Studies*, 34, 5/6: 745–760.

2013/06）, Paris: OECD.

Sengupta, U. and Sharma, S.（2012）'Urban Development and Social Capital: Lessons from Kathmandu', in J. D. Lewandowski and G. W. Streich（eds.）, *Urban Social Capital: Civil society and city life*, Aldershot: Ashgate, pp. 221–240.

Sennett, R.（1999）*The Corrosion of Character: The personal consequences of work in the new capitalism*, New York: Norton.（＝1999, 斎藤秀正訳『それでも新資本主義についていくか：アメリカ型経営と個人の衝突』ダイヤモンド社.）

Shaw, M. and Travers, K.（2005）*Urban Crime Prevention and Youth at Risk: Compendium of promising strategies*, Montréal: International Centre for the Prevention of Crime.

Stanton-Salazar, R. and Dornbusch, S.（1995）'Social Capital and the Reproduction of Inequality: Information Networks among Mexican-origin High School Students', *Sociology of Education*, 68: 116–135.

Stephenson, S.（2001）'Street Children in Moscow: Using and Creating Social Capital', *The Sociological Review*, 49, 4: 530–547.

Stolle, D. and Hooghe, M.（2005）'Inaccurate, Exceptional, One-sided or Irrelevant? The Debate about the Alleged Decline of Social Capital and Civic Engagement in Western Societies', *British Journal of Political Science*, 35, 1: 149–167.

Streeck, W.（1999）*Verbände als Soziales Kapital: Von Nutzen und Nutzung des Korporatismus in einer Gesellschaft im Wandel*（*Working Paper 99/2*）, Cologne: Max-Planck-Institut für Gesellschaftsforchung.

Stuart, M., Lido, C., Morgan, J., Solomon, L. and May, S.（2011）'The Impact of Engagement with Extracurricular Activities on the Student Experience and Graduate Outcomes', *Active Learning in Higher Education*, 12, 3: 203–215.

Sztompka, P.（1999）*Trust: A sociological theory*, Cambridge: Cambridge University Press.

Takagi, D., Ikeda, K., Kobayashi, T. and Kawachi, I.（2015）'The Impact of Crime on Social Ties and Civic Participation', *Journal of Community and Applied Psychology*, 26, 2: 164–178.

Thompson, P.（2002）'The Politics of Community', *Renewal*, 10, 2: 1–8.

Turkle, S.（2011）*Alone Together: Why we expect more from technology and less from each other*, New York: Basic Books.（＝2018, 渡会圭子訳『つながっているのに孤独：人生を豊かにするはずのインターネットの正体』ダイヤモンド社.）

Rosenfeld, R., Messner, S. F. and Baumer, E.（2001）'Social Capital and Homicide', *Social Forces*, 80, 1: 283–309.

Rothstein, B.（2001）'Social Capital in the Social Democratic Welfare State', *Politics and Society*, 29, 2: 207–241.

Rucht, D.（2010）*Engagement im Wandel: Politische partizipation in Deutschland*, Berlin: Wissenschaftszentrum Berlin für Sozialforschung.

Sage, D.（2013）'Are More Equal Societies the Most Cohesive?', *International Journal of Sociology and Social Policy*, 33, 11/12: 640–657.

Saito, T., Kai, I. and Takizawa, A.（2012）'Effects of a Program to Prevent Social Isolation on Loneliness, Depression, and Subjective Well-being of Older Adults: A Randomised Trial among Older Adults in Japan', *Archives of Gerontology and Geriatrics*, 55, 3: 539–547.

Sampson, R. J. and Raudenbush, S. W.（1999）'Systematic Social Observation of Public Spaces: A New Look at Disorder in Urban Neighbourhoods', *American Journal of Sociology*, 105, 3: 603–651.

Sarracino, F. and Mikucka, M.（2016）'Social Capital in Europe from 1990 to 2012: Trends and Convergence', *Social Indicators Research*, doi: 10.1007/s11205-11016-1255-z.

Savage, M., Devine, F., Cunningham, N., Friedman, S., Laurison, D., McKenzie, L., Miles, A., Snee, H. and Wakeling, P.（2015）*Social Class in the 21st Century*, London: Penguin.（＝2019, 舩山むつみ訳『7つの階級：英国階級調査報告』東洋経済新報社.）

Schuller, T.（2000）'Human and Social Capital: The Search for Appropriate Technomethodology', *Policy Studies*, 21, 1: 25–35.

Schuller, T.（2007）'Reflections on the Use of Social Capital', *Review of Social Economy*, 65, 1: 11–28.

Schuller, T., Baron, S. and Field, J.（2000）'Social Capital: A Review and Critique', in S. Baron, J. Field and T. Schuller（eds.）, *Social Capital: Critical perspectives*, Oxford: Oxford University Press, pp. 1–38.

Schulman, M. D. and Anderson, C.（1999）'The Dark Side of the Force: A Case Study of Restructuring and Social Capital', *Rural Sociology*, 64, 3: 351–372.

Schultz, T. W.（1961）'Investment in Human Capital', *American Economic Review*, 51: 1–17.

Schwadel, P. and Stout, M.（2012）'Age, Period and Cohort Effects on Social Capital', *Social Forces*, 91, 1: 233–252.

Scrivens, K. and Smith, C.（2013）*Four Interpretations of Social Capital: An agenda for measurement*（*OECD Statistics Working Papers No.*

Bridging and Linking Aspects of Social Capital', *Health & Place*, 18, 2: 286–295.

Portes, A.（1998）'Social Capital: Its Origins and Applications in Modern Sociology', *Annual Review of Sociology*, 24: 1–24.

Portes, A. and Landolt, P.（2000）'Social Capital: Promise and Pitfalls of Its Role in Development', *Journal of Latin American Studies*, 32, 3: 529–547.

Portes, A. and Vickstrom, E.（2011）'Diversity, Social Capital, and Cohesion', *Annual Review of Sociology*, 37: 461–479.

Prusack, L. and Cohen, D.（2001）'How to Invest in Social Capital', *Harvard Business Review*, 79, 6: 87–93.

Putnam, R. D.（1993a）*Making Democracy Work: Civic traditions in modern Italy*, Princeton, NJ: Princeton University Press.（=2001, 河田潤一訳『哲学する民主主義：伝統と改革の市民的構造』ＮＴＴ出版.）

Putnam, R. D.（1993b）'The Prosperous Community: Social Capital and Public Life', *The American Prospect*, 4, 13: 35–42.（=2003, 河田潤一訳「社会資本と公的生活」, 河田潤一・荒木義修編『ハンドブック政治心理学』北樹出版, pp. 187–202.）

Putnam, R. D.（1995）'Bowling Alone: America's Declining Social Capital', *Journal of Democracy*, 6: 65–78.

Putnam, R. D.（1996）'Who Killed Civic America?', *Prospect*, 7, 24: 66–72.

Putnam, R. D.（2000）*Bowling Alone: The collapse and revival of American community*, New York: Simon & Schuster.（=2006, 柴内康文訳『孤独なボウリング：米国コミュニティの崩壊と再生』柏書房.）

Putnam, R. D.（2007）'E Pluribus Unum: Diversity and Community in the Twenty-first Century', *Scandinavian Political Studies*, 30, 2: 137–174.

Putnam, R. D. and Campbell, D. E.（2012）*American Grace: How religion divides and unites us*, New York: Simon & Schuster.（=2019, 柴内康文訳『アメリカの恩寵：宗教は社会をいかに分かち、結びつけるのか』柏書房.）

Renzulli, L., Aldrich, H. and Moody, J.（2000）'Family Matters: Gender, Networks and Entrepreneurial Outcomes', *Social Forces*, 79, 2: 523–546.

Roh, S. and Lee, J. L.（2013）'Social Capital and Crime: A Cross-national Multilevel Study', *International Journal of Law, Crime and Justice*, 41, 1: 58–80.

Rose, R.（1999）*What Does Social Capital Add to Individual Welfare? An Empirical Analysis of Russia*（*Social Capital Initiative Working Paper No. 15*）, Washington, DC: World Bank Social Development Family Environmentally and Socially Sustainable Development Network.

Murayama, H., Fujiwara, Y. and Kawachi, I.（2012）'Social Capital and Health: A Review of Multilevel Prospective Studies', *Journal of Epidemiology*, 22, 3: 179–187.

Narayan, D. and Pritchett, L.（1999）'Social Capital: Evidence and Implications', in P. Dasgupta and I. Serageldin（eds.）, *Social Capital: A multifaceted perspective*, Washington, DC: World Bank, pp. 269–295.

Neves, B. B.（2013）'Social Capital and Internet Use: The Irrelevant, the Bad, and the Good', *Sociology Compass*, 7, 8: 599–611.

Norris, P. and Inglehart, R.（2003）*Gendering Social Capital: Bowling in women's leagues?* Cambridge, MA: Kennedy School of Government.

OECD（Organisation for Economic Co-operation and Development）（2001a）*Investing in Competencies for All: Meeting of the OECD Education Ministers*, Paris: OECD.

OECD（2001b）*The Well-being of Nations: The role of human and social capital*, Paris: OECD.（＝2002, 日本経済調査協議会訳『国の福利：人的資本及び社会的資本の役割』日本経済調査協議会.）

O'Neill, B. and Gidengil, E.（eds.）（2006）*Gender and Social Capital*, Abingdon: Routledge.

O'Sullivan, J.（2009）'Breaking the Cycle of Intergenerational Isolation in London', *Journal of Intergenerational Relationships*, 7, 4: 447–449.

Paccagnella, M. and Sestito, P.（2014）'School Cheating and Social Capital', *Education Economics*, 22, 4: 367–388.

Pahl, R. and Spencer, L.（1997）'The Politics of Friendship', *Renewal*, 5, 3/4: 100–107.

Parcel, T. and Bixby, M. S.（2015）'The Ties that Bind: Social Capital, Families and Children's Well-being', *Child Development Perspectives*, doi: 10.1111/cdep.12165.

Parcel, T. and Menaghan, E. G.（1994）'Early Parental Work, Family Social Capital and Early Childhood Outcomes', *American Journal of Sociology*, 99, 4: 972–1009.

Paxton, P.（1999）'Is Social Capital Declining in the United States? A Multiple Indicator Assessment', *American Journal of Sociology*, 105, 1: 88–127.

Performance and Innovation Unit（2002）*Social Capital: A discussion paper*, London: Cabinet Office.

Peteva, I. D.（2013）'The Association of Social Class and Lifestyles: Persistence in American Sociability, 1974 to 2010', *American Sociological Review*, doi: 0003122413491963.

Poortinga, W.（2015）'Community Resilience and Health: The Role of Bonding,

Governance: Adding a More Contextualized "Top-down" Perspective', *Political Studies*, 48, 4: 802–820.

Marek, P., Damm, B. and Su, T. Y. (2015) *Beyond the Employment Agency: The effect of social capital on the duration of unemployment*, Berlin: German Socio-Economic Panel.

Martina, C. M. S. and Stevens, N. L. (2006) 'Breaking the Cycle of Loneliness? Psychological Effects of a Friendship Enrichment Program for Older Women', *Aging & Mental Health*, 10, 5: 467–475.

Maskell, P. (2000) 'Social Capital and Competitiveness', in S. Baron, J. Field and T. Schuller (eds.), *Social Capital: Critical perspectives*, Oxford: Oxford University Press, pp. 111–123.

Maskell, P., Eskelinen, H., Hannibalsson, I., Malmberg, A. and Vatne, E. (1998) *Competitiveness, Localised Learning and Regional Development: Specialisation and prosperity in small open economies*, London: Routledge.

Maskell, P. and Törnqvist, G. (1999) *Building a Cross-border Learning Region: Emergence of the North European Øresund region*, Copenhagen: Handelshøjskolens Forlag.

McCulloch, A. (2013) 'Cohort Variations in the Membership of Voluntary Associations in Great Britain, 1991–2007', *Sociology*, doi: 10.1177/0038038513481643.

McIlwaine, C. and Moser, C. O. N. (2001) 'Violence and Social Capital in Urban Poor Communities: Perspectives from Colombia and Guatemala', *Journal of International Development*, 13: 965–984.

Misztal, B. A. (1996) *Trust in Modern Societies*, Cambridge: Polity Press.

Misztal, B. A. (2000) *Informality: Social theory and contemporary practice*, London: Routledge.

Møllegaard, S. and Jæger, M. M. (2015) 'The Effect of Grandparents' Economic, Social and Cultural Capital on Grandchildrens' Educational Success', *Research in Social Stratification and Mobility*, 42: 11–19.

Molyneux, M. (2002) 'Gender and the Silences of Social Capital: Lessons from Latin America', *Development and Change*, 33, 2: 167–188.

Morrow, V. (1999) 'Conceptualising Social Capital in Relation to the Wellbeing of Children and Young People: A Critical Review', *Sociological Review*, 47, 4: 744–765.

Mulholland, K. (1997) 'The Family, Enterprise and Business Strategies', *Work, Employment and Society*, 11, 4: 685–711.

Muntaner, C., Lynch, J. and Smith, G. D. (2000) 'Social Capital and the Third Way in Public Health', *Critical Public Health*, 10, 2: 107–124.

Li, Y. and Marsh, D. (2008) 'New Forms of Political Participation: Searching for Expert Citizens and Everyday Makers', *British Journal of Political Science*, 38, 2: 247–272.

Lin, N. (2000) 'Inequality in Social Capital', *Contemporary Sociology*, 29, 6: 785–795.

Lin, N. (2001) *Social Capital: A theory of social structure and action*, Cambridge: Cambridge University Press. (=2008, 筒井淳也・石田光規・桜井政成・三輪哲・土岐智賀子訳『ソーシャル・キャピタル：社会構造と行為の理論』ミネルヴァ書房.)

Linderberg, S. (1996) 'Constitutionalism versus Relationalism: Two Versions of Rational Choice Sociology', in J. Clark (ed.), *James S. Coleman*, London: Falmer, pp. 299–311.

Lindström, M. and Giordano, G. M. (2016) 'The 2008 Financial Crisis: Changes in Social Capital and Its Association with Psychological Well-being in the United Kingdom', *Social Science and Medicine*, 153: 71–80.

Loizos, P. (2000) 'Are Refugees Social Capitalists?', in S. Baron, J. Field and T. Schuller (eds.), *Social Capital: Critical perspectives*, Oxford: Oxford University Press, pp. 124–141.

López, J. A. P. and Santos, J. M. S. (2014) 'Does Corruption Have Social Roots? The Role of Culture and Social Capital', *Journal of Business Ethics*, 122, 4: 697–708.

Lovell, A. M. (2002) 'Risking Risk: The Influence of Types of Capital and Social Networks on the Injection Practices of Drug Users', *Social Science and Medicine*, 55, 5: 803–821.

Lowndes, V. (2000) 'Women and Social Capital: A Comment on Hall's "Social Capital in Britain"', *British Journal of Political Science*, 30, 4: 533–540.

Lowndes, V. and Wilson, D. (2000) 'Social Capital and Local Government: Exploring the Institutional Design Variable', *Political Studies*, 49, 4: 629–647.

Luhmann, N. (1988) 'Familiarity, Confidence, Trust: Problems and Alternatives', in D. Gambetta (ed.), *Trust: Making and breaking co-operative relations*, Oxford: Basil Blackwell, pp. 94–107.

Lutter, M. (2015) 'Do Women Suffer from Network Closure? The Moderating Effect of Social Capital on Gender Inequality in a Project-based Labour Market', *American Sociological Review*, 80, 2: 329–358.

Macinko, J. and Starfield, B. (2001) 'The Utility of Social Capital in Research on Health Determinants', *Millbank Quarterly*, 79, 3: 387–427.

Maloney, W., Smith, G. and Stoker, G. (2000) 'Social Capital and Urban

Employment, the Small Firm and the Labour Market, London: Routledge, pp. 172–205.

Kawachi, I., Kennedy, B. P., Lochner, K. and Prothrow-Stith, D. (1997) 'Social Capital, Income Inequality and Mortality', *American Journal of Public Health*, 87: 1491-1498.

Keane, E. (2011) 'Distancing to Self-protect: The Perpetuation of Inequality in Higher Education Through Socio-relational Dis/engagement', *British Journal of Sociology of Education*, 32, 3: 449–466.

Kirchhöfer, D. (2000) *Informelles Lernen in alltäglichen Lebensführungen. Chance für berufliche Kompetenzentwicklung*, Berlin: Qualifikations-Entwicklung-Management.

Knack, S. and Keefer, P. (1997) 'Does Social Capital Have an Economic Payoff? A Cross-country Investigation', *Quarterly Journal of Economics*, 112, 4: 1251-1288.

Knapp, J. L. and Stubblefield, P. (2000) 'Changing Students' Perceptions of Aging: The Impact of an Intergenerational Service Learning Course', *Educational Gerontology*, 26, 7: 611–621.

Korpi, T. (2001) 'Good Friends in Bad Times? Social Networks and Job Search among the Unemployed in Sweden', *Acta Sociologica*, 33, 2: 157–170.

Kwon, S.-W. and Adler, P. S. (2014) 'Social Capital: Maturation of a Field of Research', *Academy of Management Review*, 39, 4: 412–422.

Lall, S. (2000) 'Technological Change and Industrialization in the Asian Newly Industrializing Economies: Achievements and Challenges', in L. Kim and R. R. Nelson (eds.) , *Technology, Learning and Innovation: Experiences of newly industrializing economies*, Cambridge: Cambridge University Press, pp. 13–68.

Lauglo, J. (2000) 'Social Capital Trumping Class and Cultural Capital? Engagement with School among Immigrant Youth', in S. Baron, J. Field and T. Schuller (eds.) , *Social Capital: Critical perspectives*, Oxford: Oxford University Press, pp. 142–167.

Le Bas, C., Picard, F. and Suchecki, B. (1998) 'Innovation Technologique, Comportement de Reseaux et Performances: Une Analyse sur Fonnées Individuelles', *Revue d'Économie Politique*, 108, 5: 625–644.

Ledeneva, A. V. (1998) *Russia's Economy of Favours: Blat, networking and informal exchange*, London: University of London.

Lemann, N. (1996) 'Kicking in Groups', *Atlantic Monthly*, 277, 4: 22–26.

Leonard, L. B. (1998) *Children with Specific Language Impairment*, Cambridge, MA: MIT Press.

Verlag, pp. 171–216.

Hendry, C., Jones, A., Arthur, M. and Pettigrew, A.（1991）*Human Resource Development in Small to Medium Sized Enterprises*（*Employment Department Research Paper 88*）, Sheffield: Department of Employment.

Hendryx, M. S., Ahern, M. M., Lovrich, N. P. and McCurdy, A. H.（2002）'Access to Health Care and Community Social Capital', *Health Services Research*, 37, 1: 87–103.

Hibbitt, K., Jones, P. and Meegan, R.（2001）'Tackling Social Exclusion: The Role of Social Capital in Urban Regeneration on Merseyside – from Mistrust to Trust?', *European Planning Studies*, 9, 2: 141–161.

Hill, R. J.（1996）'Learning to Transgress: A Socio-historical Conspectus of the American Gay Life World as a Site of Struggle and Resistance', *Studies in the Education of Adults*, 28, 2: 253–279.

Hoffer, T., Greeley, A. and Coleman, J. S.（1985）'Achievement and Growth in Public and Catholic Schools', *Sociology of Education*, 58: 74–97.

Horne, J., Lingard, B., Weiner, G. and Forbes, J.（2011）'Capitalizing on Sport: Sport, Physical Education and Multiple Capitals in Scottish Independent Schools', *British Journal of Sociology of Education*, 32, 6: 861–879.

Hsin, A. and Felfe, C.（2014）'When Does Time Matter? Maternal Employment, Children's Time with Parents, and Child Development', *Demography*, 51, 5: 1867–1894.

Ingram, P. and Roberts, P. W.（2000）'Friendship among Competitors in the Sydney Hotel Industry', *American Journal of Sociology*, 106, 2: 387–423.

Iyer, S., Kitson, M. and Toh, B.（2005）'Social Capital, Economic Growth and Regional Development', *Regional Studies*, 39, 8: 1015–1040.

Jaafar, W. M. W.（2014）'Exploring Social Capital in Malaysian Online Ethnic Communities', *Macrotheme Review*, 3, 2: 170–187.

Jacobs, J.（1961）*The Death and Life of Great American Cities: The failure of town planning*, New York: Random House.（＝2010, 山形浩生訳『アメリカ大都市の死と生（新版）』鹿島出版会.）

James, E. H.（2000）'Race-related Differences in Promotions and Support: Underlying Effects of Human and Social Capital', *Organization Science*, 11, 5: 493–508.

Jenkins, A. and Mostafa, T.（2015）'The Effects of Learning on Well-being of Older Adults in England', *Ageing and Society*, 35, 10: 2053–2070.

Jenkins, R.（1992）*Pierre Bourdieu*, London: Routledge.

Jones, T., McEvoy, D. and Barrett, G.（1994）'Labour Intensive Practices in the Ethnic Minority Firm', in J. Atkinson and D. Storey（eds.）,

Internet', in Z. Birchmeier, B. Dietz-Uhler and G. Stasser (eds.), *Strategic Uses of Social Technology: An interactive perspective of social psychology*, Cambridge: Cambridge University Press, pp. 40–62.

Grootaert, C. and van Bastelaer, T. (2001) *Understanding and Measuring Social Capital: A synthesis of findings and recommendations from the Social Capital Initiative* (*Social Capital Initiative Working Paper No. 24*), Washington, DC: World Bank Social Development Family Environmentally and Socially Sustainable Development Network.

Grugulis, I. and Stoyanova, D. (2012) 'Social Capital and Networks in Film and TV: Jobs for the Boys?', *Organization Studies*, 33, 10: 1311–1331.

Gupta, R. N. R. (2015) *Economic Growth: Is social capital persistent?* Paris: Documents de travail du Centre d'Economie de la Sorbonne.

Hall, P. (1999) 'Social Capital in Britain', *British Journal of Political Science*, 29, 3: 417–461.

Halpern, D. (2001) 'Moral Values, Social Trust and Inequality: Can Values Explain Crime?', *British Journal of Criminology*, 41, 2: 236–251.

Halpern, D. (2005) *Social Capital*, Cambridge: Polity Press.

Hammer, P. J. (2013) *Change and Continuity at the World Bank: Reforming paradoxes of economic development*, Cheltenham: Edward Elgar.

Harper, R. (2001) *Social Capital: A review of the literature*, London: Office for National Statistics.

Hawes, D., Rocha, R. and Meier, K. (2013) 'Social Capital in the 50 States: Measuring State-level Social Capital, 1986–2004', *State Politics & Policy Quarterly*, 13, 1: 121–138.

Hawker, L. C. and Cacioppo, J. T. (2010) 'Loneliness Matters: A Theoretical and Empirical Review of Consequences and Mechanisms', *Annals of Behavioral Medicine*, 40, 2: 218–227.

Haynie, D. L. (2001) 'Delinquent Peers Revisited: Does Network Structure Matter?', *American Journal of Sociology*, 106, 4: 1013–1057.

Heckman, J. J. and Neal, D. (1996) 'Coleman's Contributions to Education: Theory, Research Styles and Empirical Research', in J. Clark (ed.), *James S. Coleman*, London: Falmer, pp. 81–102.

Heenan, D. (2002) '"It Won't Change the World But It Turned My Life Around": Participants' Views on the Personal Adviser Scheme in the New Deal for Disabled People', *Disability & Society*, 17, 4: 383–402.

Heinze, R. G. and Strünck, C. (2000) 'Die Verzinsung des Socialen Kapitals. Freiwillinges Engagement im Strukturwandel', in U. Beck (ed.), *Die Zukunft von Arbeit und Demokratie*, Frankfurt-am-Main:Suhrkamp

Fine, B. (2010) *Theories of Social Capital: Researchers behaving badly*, London: Pluto.

Fine, B. and Green, F. (2000) 'Economics, Social Capital, and the Colonization of the Social Sciences', in S. Baron, J. Field and T. Schuller (eds.), *Social Capital: Critical perspectives*, Oxford: Oxford University Press, pp. 78–93.

Foley, M. and Edwards, B. (1999) 'Is it Time to Disinvest in Social Capital?', *Journal of Public Policy*, 19, 2: 141–173.

Freitag, M. and Kirchner, A. (2011) 'Social Capital and Unemployment: A Macro-quantitative Analysis of the European Regions', *Political Studies*, 59, 3: 389–410.

Fukuyama, F. (1995) *Trust: The social virtues and the creation of prosperity*, London: Hamish Hamilton. (=1996, 加藤寛訳『「信」無くば立たず:「歴史の終わり」後、何が繁栄の鍵を握るのか』三笠書房.)

Fukuyama, F. (2001) 'Social Capital, Civil Society and Development', *Third World Quarterly*, 22, 1: 7–20.

Furedi, F. (2002) 'For the Greater Good of My CV', *Times Higher Educational Supplement*, 27 September: 24–25.

Galela, S., Karpati, A. and Kennedy, B. (2002) 'Social Capital and Violence in the United States, 1973–1993', *Social Science and Medicine*, 55, 8: 1373–1384.

Giddens, A. (1991) *Modernity and Self-identity: Self and the society in the late modern age*, Cambridge: Polity Press. (=2005, 秋吉美都・安藤太郎・筒井淳也訳『モダニティと自己アイデンティティ:後期近代における自己と社会』ハーベスト社.)

Glaeser, E. L. (2001) 'The Formation of Social Capital', in J. F. Helliwell (ed.), *The Contribution of Human and Social Capital to Sustained Economic Growth and Well-being*, Ottawa/Paris: Human Resources Development Canada/Organisation for Economic Co-operation and Development, pp. 381–393.

Glaeser, E. L., Laibson, D. and Sacerdote, B. (2002) 'An Economic Approach to Social Capital', *The Economic Journal*, 112: 437–458.

Glaeser, E. L., Laibson, D. I., Scheinkman, J. and Soutter, C. L. (2000) 'Measuring Trust', *Quarterly Journal of Economics*, 115: 811–846.

Gowan, T. (2010) 'What's Social Capital Got to Do with It? The Ambiguous (and Often Over-stated) Relationship Between Social Capital and Ghetto Underemployment', *Critical Sociology*, 37, 1: 47–66.

Granovetter, M. (1973) 'The Strength of Weak Ties', *American Journal of Sociology*, 78: 1360–1380.

Green, M. C. and Carpenter, J. (2011) 'Trust, Deception and Identity on the

Devastated by Hurricane Katrina', *Sociological Quarterly*, 51, 4: 624–648.
Ellison, N., Steinfield, C. and Lampe, C. (2007) 'The Benefits of Facebook "Friends": Social Capital and College Students' Use of Online Social Network Sites', *Journal of Computer-Mediated Communication*, 12, 4: 1143–1168.
Emler, N. and McNamara, S. (1996) 'The Social Contact Patterns of Young People: Effects of Participation in the Social Institutions of Family, Education and Work', in H. Helve and J. Bynner (eds.), *Youth and Life Management: Research perspectives*, Helsinki: Yliopistopaino, pp. 121–139.
European Commission (2005) *Special Eurobarometer: Social capital*, Brussels: European Commission.
European Council (2015) 'Joint Report of the Council and the Commission on the Implementation of the Strategic Framework for European Cooperation in Education and Training', *Official Journal of the European Union*, C417/04: 25–35.
Fafchamps, M. and Minten, B. (2002) 'Returns to Social Network Capital among Traders', *Oxford Economic Papers*, 54, 2: 173–206.
Ferlander, S. (2007) 'The Importance of Different Forms of Social Capital for Health', *Acta Sociologica*, 50, 2: 115–128.
Ferlander, S. and Timms, D. (2001) 'Local Nets and Social Capital', *Telematics and Informatics*, 18: 51–65.
Fernandez, R. M., Castilla, E. J. and Moore, P. (2000) 'Social Capital at Work: Networks and Employment at a Phone Center', *American Journal of Sociology*, 105, 5: 1288–1356.
Field, J. (2005) *Lifelong Learning and Social Capital*, Bristol: Policy Press. (= 2011, 矢野裕俊監訳『ソーシャルキャピタルと生涯学習』東信堂.)
Field, J. (2012) 'Is Lifelong Learning Making a Difference? Research-based Evidence on the Impact of Adult Learning', in D. Aspin, J. D. Chapman, K. Evans and R. Bagnall (eds.), *Second International Handbook of Lifelong Learning*, Springer: Dordrecht, pp. 887–897.
Field, J. (2013) 'Learning Through the Ages? Generational Inequalities and Intergenerational Dynamics of Lifelong Learning', *British Journal of Educational Studies*, 61, 2: 109–119.
Fielden, J. M. and Gallagher, L. M. (2008) 'Building Social Capital in First Time Parents Through a Group-parenting Program', *International Journal of Nursing Studies*, 45, 3: 406–417.
Fine, B. (2000) *Social Capital versus Social Theory: Political economy and social science at the turn of the millennium*, London: Routledge.

Cooper, H., Arber, S., Fee, L. and Ginn, J.（1999）*The Influence of Social Support and Social Capital on Health: A review and analysis of British data*, London: Health Education Authority.

Crozier, G., Reay, D. and James, D.（2011）'Making it Work for Their Children: White Middle-class Parents and Working-class Schools', *International Studies in the Sociology of Education*, 21: 199–216.

Dahrendorf, R.（1990）*Reflections on the Revolution in Europe*, London: Chatto and Windus.（＝1991, 岡田舜平訳『ヨーロッパ革命の考察：「社会主義」から「開かれた社会」へ』時事通信社.）

Dasgupta, P.（2000）'Economic Progress and the Idea of Social Capital', in P. Dasgupta and I. Serageldin（eds.）, *Social Capital: A multifaceted perspective*, Washington, DC: World Bank, pp. 325–424.

Dean, M.（1999）*Governmentality: Power and rule in modern society*, London: Sage.

De Tocqueville, A.［1832］（1969）*Democracy in America*, New York: Harper.（＝2005/2008, 松本礼二訳『アメリカのデモクラシー（第一巻上下／第二巻上下）』岩波書店.）

Dhesi, A. S.（2000）'Social Capital and Community Development', *Community Development Journal*, 35, 3: 199–214.

Dika, S. L. and Singh, K.（2002）'Applications of Social Capital in Educational Literature: A Critical Synthesis', *Review of Educational Research*, 72, 1: 31–60.

Dufur, M. J., Parcel, T. L. and Troutman, K. P.（2013）'Does Capital at Home Matter More than Capital at School? Social Capital Effects on Academic Achievement', *Research in Social Stratification and Mobility*, 31: 1–21.

Durkheim, E.（1933）*The Division of Labor in Society*, translated by G. Simpson. New York: The Free Press.（＝2017, 田原音和訳『社会分業論』筑摩書房.）

Durose, C. and Rummery, K.（2006）'Governance and Collaboration', *Social Policy and Society*, 5, 2: 315–321.

Edwards, B.（2013）'Social Capital and Social Movements', in D. A. Snow, D. della Porta, B. Klandermans and D. MacAdam（eds.）, *The Wiley-Blackwell Encyclopedia of Social and Political Movements*, Oxford: Blackwell.

Edwards, B. and Foley, M.（1997）'Social Capital and the Political Economy of our Discontent', *American Behavioural Scientist*, 40, 5: 669–678.

Elliott, J. R., Haney, T. J. and Sams-Abiodun, P.（2010）'Limits to Social Capital: Comparing Network Assistance in Two New Orleans Neighbourhoods

Journal of Human Resource Management, 10, 2: 163–179.

Campaign to end Loneliness (2015) *Hidden Citizens: How can we identify the most lonely older adults?* London: Campaign to end Loneliness.

Carlisle, J. E. and Patton, R. C. (2013) 'Is Social Media Changing How We Understand Political Engagement? An Analysis of Facebook and the 2008 Presidential Election', *Political Research Quarterly*, doi: 10.1177/1065912913482758.

Castells, M. (1996) *The Information Age, Volume 1: The rise of the network society*, Oxford: Basil Blackwell.

Chiricos, T., McEntire, R. and Gertz, M. (2001) 'Perceived Ethnic and Racial Composition of Neighbourhood and Perceived Risk of Crime', *Social Problems*, 48, 3: 322–340.

Chisholm, A. and Nielson, K. (2009) 'Social Capital and a Resource-based View of the Firm', *International Studies of Management and Organization*, 39, 2: 7–32.

Clark, A. K. (2015) 'Rethinking the Decline in Social Capital', *American Politics Research*, 43, 4: 569–601.

Cohen, J. (1999) 'Trust, Voluntary Association and Workable Democracy: The contemporary American discourse of civil society', in M. E. Warren (ed.) , *Democracy and Trust*, Cambridge: Cambridge University Press, pp. 208–248.

Coleman, J. S. (1988–1989) 'Social Capital in the Creation of Human Capital', *American Journal of Sociology*, 94: 95–120.

Coleman, J. S. (1990) *Equality and Achievement in Education*, Boulder, CO: Westview Press.

Coleman, J. S. (1991) 'Prologue: Constructed Social Organization', in P. Bourdieu and J. S. Coleman (eds.) , *Social Theory for a Changing Society*, Boulder, CO: Westview Press, pp. 1–14.

Coleman, J. S. (1994) *Foundations of Social Theory*, Cambridge, MA: Belknap Press. (＝2004/2006, 久慈利武監訳『社会理論の基礎(上／下)』青木書店.)

Coleman, J. S., Campbell, E. Q., Hobson, C. J., McPartland, J., Mood, A. M., Weinfeld, F. D. and York, R. L. (1966) *Equality of Educational Opportunity*, Washington, DC: United States Government Printing Office.

Coleman, J. S. and Hoffer, T. (1987) *Public and Private Schools: The impact of communities*, New York: Basic Books.

Coleman, J. S., Hoffer, T. and Kilgore, S. (1982) *High School Achievement: Public, Catholic and private schools compared*, New York: Basic Books.

的資本：教育を中心とした理論的・経験的分析』東洋経済新報社.）

Blaxter, L. and Hughes, C.（2000）'Social Capital: A critique', in J. Thompson（ed.）, *Stretching the Academy: The politics and practice of widening participation in higher education*, Leicester: National Institute of Adult Continuing Education, pp. 80–93.

Bockmeyer, J. L.（2000）'A Culture of Distrust: The Impact of Local Political Culture on Participation in the Detroit EZ', *Urban Studies*, 37, 13: 2417–2440.

Bourdieu, P.（1977）'Cultural Reproduction and Social Reproduction', in J. Karabel and A. H. Halsey（eds.）, *Power and Ideology in Education*, New York: Oxford University Press, pp. 487–511.

Bourdieu, P.（1980）'Le Capital Social: Notes Provisoires', *Actes de la Récherche en Sciences Sociales*, 31: 2–3.

Bourdieu, P.（1984）*Distinction: A social critique of the judgement of taste*, London: Routledge.（＝1990, 石井洋二郎訳『ディスタンクシオン：社会的判断力批判I／II』藤原書店.）

Bourdieu, P.（1986）'The Forms of Capital', in J. G. Richardson（ed.）, *Handbook of Theory and Research for the Sociology of Education*, New York: Greenwood Press, pp. 241–258.

Bourdieu, P.（1988）*Homo Academicus*, Cambridge: Polity Press.（＝1997, 石崎晴己・東松秀雄訳『ホモ・アカデミクス』藤原書店.）

Bourdieu, P. and Passeron, J.-C.（1977）*Reproduction in Education, Society and Culture*, London: Sage.（=1991, 宮島喬訳『再生産：教育・社会・文化』藤原書店.）

Bourdieu, P. and Wacquant, L.（1992）*An Invitation to Reflexive Sociology*, Chicago, IL: University of Chicago Press.（＝2007, 水島和則訳『リフレクシヴ・ソシオロジーへの招待：ブルデュー、社会学を語る』藤原書店.）

Brink, T. and Svendsen, G. L. H.（2013）'Social Capital or Waste of Time? Social Networks, Social Capital and "Unconventional Alliances" among Danish rural Entrepreneurs', *Business and Management Research*, 2, 1: 55–68.

Burt, R.（1992）*Structural Holes: The social structure of competition*, Cambridge, MA: Harvard University Press.（＝2006, 安田雪訳『競争の社会的構造：構造的空隙の理論』新曜社.）

Caldas, S. J. and Cornigans, L.（2015）'Race/Ethnicity and Social Capital among Middle- and Upper-middle-class Elementary School Families: A Structural Equation Model', *School Community Journal*, 25, 1: 137–156.

Caligiuri, P., Joshi, A. and Lazarova, M.（1999）'Factors Influencing the Adjustment of Women on International Assignments', *International*

参考文献・資料

1. 参考文献

Aguilera, M. A.（2002）'The Impact of Social Capital on Labor Force Participation: Evidence from the 2000 Social Capital Benchmark Survey', *Social Science Quarterly*, 83: 853–874.

Aldrich, D. P.（2012）*Building Resilience: Social capital in post-disaster recovery*, Chicago, IL: University of Chicago Press.（＝2015, 石田祐・藤澤由和訳『災害復興におけるソーシャル・キャピタルの役割とは何か：地域再建とレジリエンスの構築』ミネルヴァ書房.）

Ashtiani, M. and Feliciano, C.（2015）'Access and Mobilization: How Social Capital Relates to Low-Income Youth's Postsecondary Educational（PSE）Attainment', *Youth & Society*, doi: 10.1177/0044118X15607163.

Banfield, E.（1958）*The Moral Basis of a Backwards Society*, Chicago, IL: Free Press.

Baron, S., Field, J. and Schuller, T.（eds.）（2000）*Social Capital: Critical perspectives*, Oxford: Oxford University Press.

Bauman, Z.（2005）*Liquid Life*, Cambridge: Polity Press.（＝2008, 長谷川啓介訳『リキッド・ライフ：現代における生の諸相』大月書店.）

Bebbington, A., Woolcock, M., Guggenheimn, S. and Olson, E.（2006）*The Search for Empowerment: Social capital as idea and practice at the World Bank*, Bloomfield, CT: Kumarian Press.

Beck, U.（1992）*Risk Society: Towards a new modernity*, New Delhi: Sage.（＝1998, 東廉・伊藤美登里訳『危険社会：新しい近代への道』法政大学出版局.）

Beck, U.（2000）'Living Your Own Life in a Runaway World: Individualisation, Globalisation and Politics', in W. Hutton and A. Giddens（eds.）, *On the Edge: Living with global capitalism*, London: Jonathan Cape, pp. 164–174.

Becker, G. S.（1964）*Human Capital: A theoretical and empirical analysis*, New York: National Bureau of Economic Research.（＝1976, 佐野陽子訳『人

〈ま行〉

〈ら行〉

〈さ行〉

〈た行〉

〈な行〉

〈は行〉

人　名

〈な行〉

〈は行〉

〈ま行〉

〈や行〉

索　引

事　項

〈あ行〉

〈か行〉

〈さ行〉

[著者・訳者・解説者紹介]

ジョン・フィールド (John Field) ——著者
スターリング大学（University of Stirling）教育研究所の名誉教授。ウォーリック大学（University of Warwick）継続教育研究の名誉教授。ケルン大学（University of Cologne）の客員教授。社会関係資本と成人教育の研究を含め、生涯学習の社会経済的側面に関する広範な研究成果を残している。

佐藤 智子（さとう・ともこ）SATO Tomoko ——訳者
東北大学高度教養教育・学生支援機構准教授、学習支援センター副センター長。博士（教育学）。主な編著書として『学習するコミュニティのガバナンス：社会教育が創る社会関係資本とシティズンシップ』（明石書店、2014 年）、『多様性が拓く学びのデザイン』（共編著、明石書店、2020 年）、『公教育制度の変容と教育行政』（共編著、福村出版、2021 年）など。

西塚 孝平（にしづか・こうへい）NISHIZUKA Kohei ——訳者
東北大学高度教養教育・学生支援機構助教、学習支援センターセンター員。博士（教育学）。専門は、教育アセスメント論。*Journal of Disaster Research*、*Journal of Teaching and Learning*（University of Windsor）、*SAGE Open*、『日本教科教育学会英文誌（IJCDP）』、『ホリスティック教育 / ケア研究』、『日本評価研究』、『活動理論研究』などに論文を発表している。

松本 奈々子（まつもと・ななこ）MATSUMOTO Nanako ——訳者
東京大学教育学研究科生涯学習基盤経営コース博士課程。専門は、高齢者学習、老年社会学。社会保障政策分野において提示されてきた高齢者像を批判的に検討しつつ、「老い」の表象をめぐる学びの理論と方法論について研究している。

矢野 裕俊（やの・ひろとし）YANO Hirotoshi ——解説者
大阪市立大学名誉教授、武庫川女子大学名誉教授。博士（文学）。主な著書・編著書に『自律的学習の探求：高等学校教育の成立と回帰』（晃洋書房、2000 年）、『子どもの貧困／困難／不利を考えるⅠ：理論的アプローチと各国の取組み』（共編著、ミネルヴァ書房、2015 年）、『子どもの貧困／困難／不利を考えるⅢ：施策に向けた総合的アプローチ』（共編著、ミネルヴァ書房、2019 年）、『人間教育をめざしたカリキュラム創造：「ひと」を教え育てる教育をつくる』（共編著、ミネルヴァ書房、2020 年）など。

社会関係資本

現代社会の人脈・信頼・コミュニティ

2022年11月24日　初版第1刷発行
2024年9月6日　初版第4刷発行

著　者　ジョン・フィールド
訳　者　佐藤　智子
　　　　西塚　孝平
　　　　松本　奈々子
解説者　矢野　裕俊
発行者　大江　道雅
発行所　株式会社　明石書店
〒101-0021　東京都千代田区外神田6-9-5
電　話　03 (5818) 1171
FAX　03 (5818) 1174
振　替　00100-7-24505
https://www.akashi.co.jp/

装丁　明石書店デザイン室
組版　朝日メディアインターナショナル株式会社
印刷・製本　モリモト印刷株式会社

（定価はカバーに表示してあります）　ISBN978-4-7503-5440-8